しずおか野菜の

しあわせレシピ

tomato

green soybeans

pumpkin

potato

sweet potato

broccoli

cauliflower

sironegi

ebiimo

bamboo shoot

mekyabetsu

petit vert

carrot

celery

satouendou

chingensai

lettuce

onion

香りが良くて、味がぎゅーっと詰まっていて
口いっぱいにみずみずしさが広がる
力強い野菜。おいしい野菜。
今までは、ただ何となく野菜を選び、食べていた人のなかにも
味に特色のある野菜を求める人が、少しずつ増えています。

東西南北に広く、おだやかな気候と
適度な雨量に恵まれた静岡県は、
いつでも、いろいろなところで、さまざまな野菜が
おいしい「旬」を迎えます。
実はこの「しずおか野菜」たち、その味の良さと品質の高さから
都会でも、かなり評判がいいんです。

野菜は畑から収穫された後も、生きています。
自らの栄養分を少しずつ消費しながら…。
だから時間とともに野菜本来の旨味や栄養は失われてしまいます。
とれたての「しずおか野菜」がおいしい理由は、ここにあるのです。
カラダだけでなく、心も元気にしてくれる――。
そんな畑からの素敵な贈り物を、おいしく料理して
食卓に並べてみませんか。
静岡県内の野菜を愛する10人の料理人の皆さんが、
家庭でも楽しめるとっておきのレシピを考えてくれました。
どれも野菜の食感、味、香りなどを生かし、
おいしさを引き出したものばかり。
普段着の食卓で、ちょっと特別なおもてなしの場で、
きっと「おいしい！」と喜んでもらえるはずです。

CONTENTS

和食、洋食、中華料理ー。料理のスタイルは違っても、野菜を愛し、野菜にこだわる。
そんな料理人の皆さんが、この本のために、しずおか野菜をおいしく、健康的に、
楽しく食べるレシピを教えてくれました。

香酒旬味　すぎもと
杉本 哲也さん

割烹　寿し半
高林 秀幸さん

イタリア料理 マーノ・エ・マーノ
池内 洋介さん

ゴハンヤ　ハシトラ
安井 里美さん

THE BLUEWATER
三宅 大介さん

野菜を愛するシェフ《料理人》たち

地元で「野菜を使ったお料理がおいしい！」と評判のお店

旬菜遊膳　あつみ
渥美 圭二さん

フランス厨房　シェ・モリヤ
守屋 金男さん

トラットリア　ジージョ
太箸 匡伸さん

中国料理　盛旺
望月 一さん

中国四川家庭料理　華市
山下 真理夫さん

トマト

つやつやとした真っ赤な実。欧米には「トマトが赤くなると医者が青くなる」ということわざがあるほど、昔から体にいい野菜として知られていました。フランスでは「愛のりんご」という愛称もあるトマトですが原産地はアンデスの高原地帯。ほとんど雨が降らない荒涼とした地がふるさとです。日本には十七世紀頃に伝えられたと言われていますが、当初は食用ではなく鑑賞用として親しまれ、唐なすび、唐柿と呼ばれていました。日照時間が長い静岡県産は、おひさまの光をたっぷり浴びて育った、まさに健康優良児。商品名も「アメーラ」「待ってたトマト」「シュクレ」「恋とまと」「レッドオーレ」「とまトマト」「トムトムトマト」など、どんな味がするのだろう…と想像力をかき立てるものばかり。高糖度など味にも個性があるので、食べ比べてみるのも楽しみのひとつです。

※見立て・栄養等は99ページ

水牛のモッツァレラチーズとトマトのカプレーゼ

フレッシュなトマトソースで和えるひと手間で
イタリアンの定番がさらにおいしく！

Recipe
マーノ・エ・マーノ

[材料2〜3人分]

- 水牛のモッツァレラチーズ…100g
- トマト…150g
- バジル…1枚
- 塩、こしょう…少々

《フレッシュトマトソース》

- トマト…2個
- オリーブ油（エクストラバージン）…大さじ2
- 塩、レモン汁…少々

[作り方]

1. フレッシュトマトソースを作る。トマトの皮を湯むきして横半分に切って種を取る。適当な大きさに切り、ミキサーにかけオリーブ油、塩、レモン汁で味を調える。甘味が足りなければほんの少量ハチミツを加える。
2. 食べやすい大きさのくし形に切ったトマトを1のソースで和える。モッツァレラチーズは2〜3cmの一口大に切り、少々の塩、こしょう、オリーブ油（分量外）で和える。
3. 皿にモッツァレラチーズとトマトを彩りよく盛り付け、仕上げに手でちぎったバジルを散らす。

《Advice》モッツァレラチーズはバッカ（牛）の乳ではなくブッファラ（水牛）の乳で作られたものが味が濃厚でおいしく出来ます。

Recipe

シェ・モリヤ

究極トマトのムース
バジルの香り

大地の恵みがたっぷり詰まった
シェ・モリヤの人気レシピ

[材料10人分]

《ムース用》

- ◆完熟トマト…700g
- ◆生クリーム…50cc
- ◆コンソメ…30cc
- ◆ゼラチン…3g
- ◆塩、砂糖…少々
- ◆バジル、シブレット（飾り用）…少量

《ソース用》

- ◆完熟トマト…100g
- ◆シェリービネガー…5cc
- ◆オリーブ油…10cc
- ◆ハチミツ、塩…少量

[作り方]

1 ムース用のトマトはヘタと種を取り除き、皮つきのまま角切りにする。これに下として、塩、砂糖を加えてから火にかけ、水分がなくなるまで煮つめる（写真中）

2 熱いうちに手早く裏ごしし、ボウルに取り、粗熱を取る。

3 温めたコンソメに水でふやかしたゼラチンを加え、しっかり溶かしてから2に加混ぜながら氷水に当てて冷やす。

4 別のボウルで生クリームを7分立てにし、3にさっくり混ぜ合わせバットなど別容に入れ、冷蔵庫で冷やしておく。

5 ソース用トマトのヘタと種を取り除き、皮つきのまま裏ごしする。シェリービネガーオリーブ油、ハチミツ、塩を加えて味を調える。

6 皿の中央に5のソースを敷き、ちぎったバジルを散らす（写真下）。スプーン2本使ってムースをすくい、形を整えて盛り付け、仕上げにシブレットを飾る。

4種のチーズとトマトのドリア

加熱すると、甘みが、ぎゅーっと増すトマト
チーズはお好みのものを組み合わせて

[材料4人分]

- トマト…大1個
- ご飯…400g
- チリソース（市販）…大さじ8
- バター…少量
- ちりめんじゃこ…適量
- 青ねぎ…少量
- Ⓐ ピザ用ミックスチーズ…80g
- Ⓐ チェダーチーズ…40g
- Ⓐ モッツァレラチーズ…40g
- Ⓐ ゴルゴンゾーラチーズ…30g

[作り方]

1. トマトは3cmくらいの角切りにし、チリソースをからめておく。
2. 耐熱皿に少量のバターを塗り、ご飯を盛る。
3. ご飯の上にちりめんじゃこをふりかけ、その上に1をのせる（写真上）。
4. Ⓐのチーズをまんべんなくのせ（写真下）、200℃のオーブンで約15分間、焦げ目が少し付くくらいに焼き上げる。
5. オーブンから取り出し、小口切りにした青ねぎを飾る。

《Advice》チーズの種類、量はお好みで調節してOK

こだわりVegetable

石山農園のファーストトマト

甘味プラス しっかりした酸味 本当のトマトの味が ここにある

「いつまでたっても勉強だね」と笑う石山一雄さん。トマトを育てて35年になる。

人気のグルメ漫画「美味しんぼ」。その第7巻に取り上げられた、こだわりのトマトを作る"トマトの達人"が掛川にいる。石山農園の石山一雄さんだ。

四月——。シーズン最後の春トマトの出荷作業をする石山さんを訪ねた。小高い山に寄り沿うように作られたハウスは、「なぜこんな所に？」と思うほどの傾斜地に建つ。

「どうしてわざわざ作業が大変な斜面に建てるの？と最初は人に言われました。でもあえてここに建てたのには訳がある。これもおいしいトマトを作る秘訣の一つなんです」と石山さん。

トマトの原産地はアンデスの乾燥した地。昼と夜の寒暖差が激しく、ほとんど雨が降らない砂漠地帯に転がる岩場に生え、与えられる水分はわずかに結露する夜露だけ。そんな条件でも果汁たっぷりの実を付けるトマトの、本来の生育環境に近づけるために、圃場に傾斜地を選んだという。通気窓を開ければハウス内に気流が自然発生し、常に風通しのいい乾燥した環境を生み出せるそうだ。

案内されて中に入ると、トマト特有の甘ずっぱい香りに包まれた。

現在、石山さんは最も市場に普及している品種「桃太郎」も作っているが、漫画で紹介され、多くの料理人が楽しみにしているのは春に収穫される「ファーストトマト」。丸味を帯びた「桃太郎」と違い、先がツンと尖って、筋が浮き出たように走っているのが特徴だ。

春に採れるトマトがおいしいのは、開花して三十〜四十日で収穫される夏場のトマトと違い、九十〜百日もの時間をかけて樹上で育つから。お日様をじっくり浴びて、ゆっくり大きくなる。その間に旨味がぎゅーっと凝縮され、コクのあるトマトになるそうだ。

早速一つ、採りたてのトマトを食べてみた。歯を立てると実が締まって歯ごたえを感じる。そして甘ずっぱい汁がじわっと口に広がる。鼻に抜けるような香りが強く、なんといっても味が濃い！

「トマトは、内部の部屋数が多く、グリーンのゼリーが多いほど酸味があるんですよ。それとグリーンベー

「美味しんぼ」で紹介された
大地の味がするトマト

スと呼ぶヘタの周辺。ここが黒みを帯びて色が濃いのがおいしいよ」と石山さん。

「今は、とにかく〝甘さ〟を求める人が多いから、トマトも糖度が何度、とよく言われるようになったけど、僕にとっては甘さだけじゃ物足りない。大切なのは酸味とのバランスで、糖度計では測れないコクや、人間の舌が感じる旨味を追求していきたい」。

最も手間を掛けているのは土作り。その土地の風土に合った土着菌の存在に注目し、その力を利用するのが秘訣らしい。そして枯れない程度の水と有機養分。与える水の量を限界点ぎりぎりまで抑えることで、トマトが本来持つ自生能力を引き出してあげるのだという。

•

浜松市のレストラン、シェ・モリヤの守屋金男シェフは厳選したトマトで作る「究極トマトのムース」を看板メニューの一つとしている。シェフの自信作だ。春は決まって石山さんのトマトを使っている。「このムースが目的で、わざわざ遠くから来てくれるお客様もいます。他のトマトではこの味は出ないから、春は石山さんのトマトが厨房に欠かせないね」と守屋さん。

強い酸味を求めるシェフ、色や形にこだわるシェフ。わがままな要望でも、相手の顔が見えるからこそやりがいもある。

一つの苗から採れる数が少なくても、土で育てる今のやり方を変える気持ちはないと断言する石山さん。

「養液栽培なら今より楽になるかもしれないけど、それじゃあね…面白くないじゃんね」と笑う。三百六十五日、目が離せず、一日に二度は生長点の色を見るというからそれだけで大変な手間だとうかがえるが、トマトの話をしていると、石山さんの口からは「面白い」という言葉が何度も出てくる。時には予想もしないアクシデントに見舞われて、自然を相手に試行錯誤する大変さも、石山さんにとっては「面白さ」にすぎないようだ。

今後の夢は？と聞いてみた。笑いながら「そうだねぇ〜、一生これといった結論は出ないかもしれないけど、いいトマトを作り続けたいね。いつまでも！」。来年の春トマトが早くも待ち遠しくなるような、力強い返事が返ってきた。

問い合わせ
石山農園
TEL.0537(28)0539
石山一雄さん

写真右／まだ完熟していないグリーンのトマトにも注文が来る石山さんの「桃太郎」トマト。
写真左／力強く咲いた黄色い花。よく見ると金色のうぶ毛がびっしりと生えている。トマトが空気中の水分さえ取り込もうとしている証拠。

枝豆

夏はやっぱりビール！となると、無性に食べたくなるのが枝豆です。実は静岡県は、知る人ぞ知る高級枝豆の産地。国内で唯一、清水の三保・駒越地区だけが、一年を通して栽培しています。特に晩秋から春にかけては、流通する国内産のほぼ全てを清水産が独占する奮闘ぶり。都心の料亭や小料理屋で、おつまみとして重宝がられています。「フジエス枝豆」のブランドで出荷され、四月中旬頃からは県内の店先にも並びます。鮮度を保つために短い枝が付いたままになっているのも、こだわりの証。サヤは輝くうぶ毛におおわれ、粒は大きくぷりっとしています。大豆の若取りならではの、さわやかな風味も自慢です。ところで枝豆には、アルコールの分解を促し、悪酔いを軽減させる働きもあるとか。ビールに枝豆は、まさに理にかなった組み合わせのようです。

※見立て・栄養等は１００ページ

枝豆と海の幸のXO醤炒め

枝豆のつぶつぶと、魚介のぷりぷり
二重の食感が楽しく、見た目もキレイな一品

Recipe
盛旺

[材料4人分]

- 枝豆…200g
- 小柱…80g
- 小えび…10尾
- いか…80g
- 赤・黄パプリカ…各30g
- XO醤…大さじ1
- 中華スープ…50cc
- 料理酒…小さじ2
- 松の実…30g
- ねぎ…少量
- しょうが…1cm（薄切り）

[作り方]

1 枝豆は堅めに塩ゆでしてサヤから出し、薄皮をむく。パプリカは8mm角、えびは枝豆の大きさに合わせて1尾を6等分、いかは8mm角に切る。松の実はカラっと揚げておく。

2 えび、いか、小柱をボウルに入れ、塩・こしょう少々、酒小さじ1、卵白1個分、片栗粉小さじ2（各分量外）で下味を付ける。

3 鍋に湯を沸かし、塩少々、油大さじ1(各分量外)を加えパプリカをさっとゆでて取り出す。残り湯に2をほぐしながら入れ、8割方火を通し、ザルに上げる。

4 ねぎ、しょうがを炒め、香りが出たら料理酒、XO醤を加え、3を戻す。中華スープを加え、塩で味を調え、水溶き片栗粉小さじ1（分量外）でとろみを軽く付ける。

《Advice》盛旺オリジナルのXO醤。干しえびのかわりに駿河湾のサクラえびを使っているのが特徴です。

枝豆と納豆のかき揚げ
カレー風味

味がしっくりと合うのは大豆同士だから？
ビールに良く合う手軽なレシピ

［材料4人分］

- 枝豆…200g
- 納豆…50g
- サラダ油…大さじ1
- カレー粉（衣用）…10g
- 天ぷらの衣…適量
  - 小麦粉…60g
  - 卵黄…1個
  - 水…90cc
- カレー粉、塩…少々

［作り方］

1 フライパンにサラダ油を入れ、納豆の粘り気が少なくなるまで中火で炒める（写真）。焦げない程度に炒めたらボウルに取り出しておく。

2 枝豆はゆでてサヤから出し、1に加える。

3 2にカレー粉と、天ぷらの衣を加えて軽く全体を混ぜ合わせ、180℃の油（分量外・適量）でカリッとするまで揚げる。油を切って器に盛り、カレー粉と塩を同量で混ぜたカレー塩を、お好みで添える。

枝豆のなめらか白和え 餃子の皮チップのせ

ほんのり甘くてクリーミーな豆腐から
枝豆が顔を出す、可愛いおつまみ

[材料4人分]

- 枝豆…100g
- 木綿豆腐
(できればソフト木綿)…300g
- 塩…小さじ1/2
- 白ねりごま…小さじ1
- 三温糖…小さじ1
- ぎょうざの皮…4枚

[作り方]

1 枝豆は、塩(分量外)を加えたたっぷりの熱湯で7〜8分ゆでる。ゆで上がったらすばやく冷まし、サヤから豆を取り出す。

2 木綿豆腐は3、4時間ほど重しをして水気を切って、裏ごししておく。

3 2に白ねりごま、三温糖を加え練り合わせながら、塩を加え味を調える。

4 1と3を混ぜ合わせる(写真)。

5 餃子の皮を半分に切り、揚げ油でぱりぱりになるまで揚げる。できたチップに4をのせていただく。

豆打
白玉

うす緑色の枝豆衣が涼し気な
懐かしい味わいの「和」デザート

[材料4人分]

- 枝豆…200g
- 白玉粉…50g
- 砂糖…30g
- 塩…少々

[作り方]

1 枝豆は軽く水洗いし、塩もみをする。熱湯に塩少々を入れてゆでたらザルに上げ、風を当てて冷ます。

2 サヤから豆を取り出し薄皮をむいたらすり鉢ですり潰し（写真）、塩で味を調える。ただし、やや甘くしたい場合は塩の代わりに砂糖（好みの分量）で味を調えてもいい。

3 ボウルに白玉粉と砂糖を合わせ、そこに水（分量外）をゆっくりと加えていき、耳たぶ程度の固さに練る。

4 手のひらで団子状に形を整え、中心にくぼみを作ったら熱湯でゆでる。ゆで上がったら冷水に取って冷まし、ザルに上げて水気を切る。

5 4に2の豆打をからませて器に盛り付ける。

枝豆の しょうゆ漬け

食べ始めたら止まらない
「これぞ、夏！」の定番おつまみ

Recipe
あつみ

[作り方]

1 枝豆は軽く水洗いし、塩もみをする。熱湯でゆでたらザルに上げ、風を当てて冷ます。

2 Ⓐの材料を鍋でひと煮立ちさせる。

3 2が冷めたら、密封容器などに入れ1の枝豆を漬ける（写真）。3日ほど冷蔵庫で寝かせたら、食べ頃（1週間ほど日持ちする）。

《Advice》寝かせる時は、キッチンペーパーを上にかぶせると味が良くしみ込んでおいしく出来ます。

[材料4人分]

- 枝豆…200g
- 塩…少々
- Ⓐ だし…400cc
- Ⓐ 濃口しょうゆ…100cc
- Ⓐ みりん…100cc
- Ⓐ 唐辛子…5本

かぼちゃ

原産地はアメリカ大陸。日本に伝わったのは十七世紀頃で、カンボジアからポルトガル人が持ってきたことから、その名が付いたとされます。現在栽培されているのは、日本かぼちゃ、西洋かぼちゃ、ペポかぼちゃの三種類。カンボジアから伝わったのは日本かぼちゃで、四十年ほど前までは市場の主流でしたが、現在はほとんどが幕末にアメリカから伝わった西洋かぼちゃに。ちなみにペポかぼちゃは、ズッキーニ、そうめんかぼちゃなどをさします。今や輸入ものが市場の半分を占め、季節感も薄れているかぼちゃですが、六月から八月にかけて小笠地域でとれる「メルヘンカボチャ」は旬を実感できる味。蒸すだけで甘みがあり、粉質でほくほくしています。手のひらにのる大きさながら、βカロテンが普通のかぼちゃの3、4倍もある「坊ちゃんかぼちゃ」も好評です。

※見立て・栄養等は101ページ

かぼちゃのサラダのミルフィーユ

シナモンを利かせたスパイシーな風味
サクサクパイと一緒にデザート感覚で

［材料4人分］

- かぼちゃ（皮を除く）…大1/4個（約400g）
- 牛乳…30〜50cc（かぼちゃの水分量で調整）
- マヨネーズ…大さじ4
- シナモン…小さじ1
- パイシート（10cm角の正方形）…6枚
- アーモンドスライス、かぼちゃの種（飾り用）…各少々
- メープルシロップ（お好みで）…少々

Ⓐ
- 生クリーム…70cc
- 砂糖…5g

Ⓑ
- 塩、こしょう…各小さじ1
- 砂糖…大さじ2

［作り方］

1 Ⓐの生クリームと砂糖を合わせ、7分立てに泡立てておく。
2 かぼちゃは皮をむいて5cm角に切り、竹串がすーっと通るまで20分くらい蒸す（写真）。
3 蒸し上がったらボウルに移し、かぼちゃが熱いうちにⒷを加えて和える。さらに牛乳を加えて混ぜ合わせ、ペースト状にして冷ます。
4 十分に冷めたところで、1とマヨネーズ、シナモンを加えて和える。
5 パイシートは重しをのせ、200℃のオーブンでサクサクになるまで20分程焼く。
6 焼き上がった5を三角形になるように半分に切り、4と交互になるように重ねて皿に盛る。仕上げにアーモンド、パセリ、かぼちゃの種を飾り、メープルシロップをかけて完成。

かぼちゃの
もちもちニョッキ

もっちりした食感の、イタリアのマンマの味
甘味と香りが強いかぼちゃで作りたい一品

Recipe
トラットリア ジージョ

［材料4人分］
- かぼちゃ…中1/4個（250g）
- Ⓐ
  - 卵…1個
  - 小麦粉…180〜200g
  - 粉チーズ…10g
  - 砂糖（甘味が足りない場合）…少々
  - 塩…少々

《ソース》
- Ⓑ
  - 生クリーム…140cc
  - オリーブ油…40cc
  - チキンブイヨン（固形）…1個
  - ゴルゴンゾーラチーズ（なければ粉チーズ）…20g
  - 塩、黒こしょう…少々

［作り方］
1. 適当な大きさに切ったかぼちゃを蒸し器か電子レンジで竹串がすーっと通るくらいまで蒸して潰す。
2. 大きめのボウルに1とⒶを入れて、混ぜ合わせる（生地は寝かせると柔らかくなるので堅さは堅めでOK。かぼちゃの水分量によって小麦粉の量を調整）。
3. 2の生地を冷蔵庫で30〜40分寝かせた後、太さ1.5〜2cmの丸い棒状に手で伸ばし、包丁でお好みの長さ（2cm前後）に切る（写真）。
4. 沸騰した湯に塩（分量外）を加えて3のニョッキをゆで、浮かんできたらすくう。
5. ソースを作る。Ⓑの材料を小鍋に入れ弱火にかけ、塩、黒こしょうで味を調える。少しとろみのあるソースに仕上げる。
6. 5の中に4を入れ、からめて器に盛る。

かぼちゃと夏野菜の揚げ浸し

冷めて味がしみてくると一層おいしい
夏ばて防止の元気メニュー

Recipe
ハシトラ

[材料(4人分)]

◆かぼちゃ…1/4個
◆なす…2本
◆ズッキーニ…1/2本
◆ししとう…8本
◆みょうが…4本
◆しょうがのすりおろし汁…1片分
◆白すりごま…適量
Ⓐ◆しょうゆ…50cc
Ⓐ◆酒…50cc
Ⓐ◆みりん…50cc
◆だし…1カップ

[作り方]

1 かぼちゃは厚さ1cmのくし形に切る。なすはヘタを落とし、皮に斜めに包丁目を入れて、1本を8等分にする(すぐに揚げる場合はアク抜きしなくてもOK)。ズッキーニは厚さ1cmの輪切りにし、ししとうはヘタを落とし、2カ所に空気穴を開けておく。みょうがは縦半分に切る。

2 1の野菜を約170℃の油で揚げすぎないよう注意しながら素揚げ(かぼちゃ、ズッキーニ、なす、ししとう、みょうがの順)。揚がったらバットやキッチンペーパーの上に取り出して油を切る。

3 Ⓐを小鍋に入れ中火で約1分煮立たせて火を止め、しょうがのすりおろし汁を加える。

4 大皿に2を盛り付け、3を熱いうちに流し入れる。冷めて野菜に味がしみてきたら白ごまをお好みでかける。

じゃがいも

またの名を馬鈴薯―。馬が首に付ける鈴に似ていることに由来して、この名前が付きました。涼しい気候を好み、十五から二十一度が生育の適温なので、南北に長い日本では、二月の沖縄・沖永良部島産の新じゃがに始まり、九月に大御所・北海道産が登場するまで〝じゃがいも前線〟とも言える産地リレーが楽しめます。ちなみに県産が店先に並ぶのは春まっ盛りの五月。品質の高さから三方原産はブランドとして定着しています。三方原台地の酸性土壌の赤土と豊富な日照量がはぐくむ馬鈴薯は、ほのかな甘さとホクホク感が最高。それもそのはず、出荷の際にでんぷん質が基準値を超えていなければ出荷しないという、厳しい品質管理をしているからです。粉質で柔らかい「男爵」と粘りがあって煮崩れしにくい「メークイン」が、全国に普及している二大品種です。

※見立て・栄養等は102ページ

生ハムの
インボルティーニ

生ハムに包まれたバジリコ風味のおしゃれなサラダ
バジリコペーストはパスタやドレッシングにも

［材料4人分］

- じゃがいも（できれば三方原産）…3個
- バジリコペースト…大さじ1
  - オリーブ油…100cc
  - バジルの葉…150g
- マヨネーズ…大さじ4
- 生ハム…4枚
- 好みのゆで野菜…適量（赤パプリカ、黄パプリカ、にんじん等）
- ゆで卵…1個分（固めにゆでて粗く切っておく）
- 塩、黒こしょう…適量
- バジル…数枚

［作り方］

1 じゃがいもは塩を入れた鍋で水からゆでる。ゆであがったら熱いうちに潰す。

2 バジリコペーストを作る。ミキサーに分量のオリーブ油を入れ、バジルの葉を少しずつ入れてペースト状にする。

3 1と2をボウルに入れて軽く全体を混ぜ合わせ、マヨネーズと黒こしょうを入れて塩で味を調える。

4 巻き寿司用の巻きす（なければ少し固めの紙にラップを敷いて代用）に生ハムを一枚ずつ少し重なるように並べる。その上に3をのせて均一に広げ、好みのゆで野菜を並べ、巻き寿司の要領でくるくると巻く（写真）。

5 お好みの厚さ（約2〜3cm）に切って器に盛る。

じゃがいものお饅頭 サクサクおかき揚げ

おせんべいで作った衣が香ばしい
ホクホクの三方原産馬鈴薯のコロッケ

［材料4人分（1人2個）］
- じゃがいも…大2個
- 鶏ひき肉…80g
- 20杯だし
  - かつおだし…200cc
  - しょうゆ…10cc
  - みりん…10cc
- モッツァレラチーズ（なければピザ用チーズ）…40g
- 酒…小さじ2
- しょうゆ…小さじ1
- 砂糖…小さじ2
- 小麦粉…適量
- おせんべい（薄塩味）…適量
- 卵…1個

［作り方］

1. じゃがいもは水からゆで、竹串が通る程度に火が通ったらザルに上げる。
2. 20杯だしでもう一度中火で5分ほど煮て、ザルに上げ水気を切る。
3. 鶏ひき肉に酒、しょうゆ、砂糖を加え、そぼろ状になるように炒める。
4. 2をボウルに入れ、しゃもじでなめらかになるまで潰す。
5. 3のそぼろとチーズを芯にして4のじゃがいもでピンポン玉くらいの大きさに丸める。
6. 5にむらなく小麦粉を付けて、溶き卵にくぐらせ、粉々にしたおかき衣をまぶし（写真）、160℃の油で2分ほど揚げる。

《Advice》かっぱえびせん等、薄味のおせんべいをミキサーにかけて粉々にしたおかき衣。油を吸わないので食材が香ばしく揚がります。

馬鈴薯の燻製
中華ピンチョス仕立て

好みのお茶の葉を使って、楽しく香りづけ
家庭でも簡単にできる燻製

Recipe
華市

［材料4人分］

◆じゃがいも…1個
◆帆立貝柱…2個
◆プチトマト…4個
◆香菜（飾り用）…少々

《漬け汁の材料》

Ⓐ
◆チキンスープ…500cc
◆塩…75g
◆八角…3粒
◆シナモンスティック…3cm
◆花椒…5粒
◆白酒…50cc

《燻煙の材料》

Ⓑ
◆米…40g
◆砂糖…40g
◆茶葉（中国茶、緑茶どちらでも可）…大さじ3杯
◆シナモンスティック…3cm
◆八角…2粒
◆花椒…5粒

《仕上げに添える椒塩》
（塩50g、粉花椒大さじ1と1/2、五香粉大さじ1/2を混ぜる）

［作り方］

1 じゃがいもは皮付きのまま一口大に切り、蒸して火を通す。
2 Ⓐをすべて合わせて沸騰させ、火を止める。40℃くらいに下がったらじゃがいも、帆立貝柱を2分ほど漬け、取り出す。
3 アルミホイルで直径約10cm、高さ約2cmの器を作り、Ⓑをのせ（写真）、中華鍋の中央に置く。その上に焼き網をのせ2を並べる。
4 強火で加熱し煙が出てきたらボウル等でフタをし、中火で約1分焼く。火を止めて1分ほど燻製にし、表面にごま油（分量外）を刷毛で塗る。
5 じゃがいも、プチトマト、貝柱の順に飾り串に刺してピンチョス仕立てにし、香菜の葉、椒塩を添える。

Recipe
シェ・モリヤ

じゃがいものこんがり焼き スズキとご一緒に

かりっと香ばしいじゃがいもの中は、
白身魚がふんわり。トマトのソースも絶品

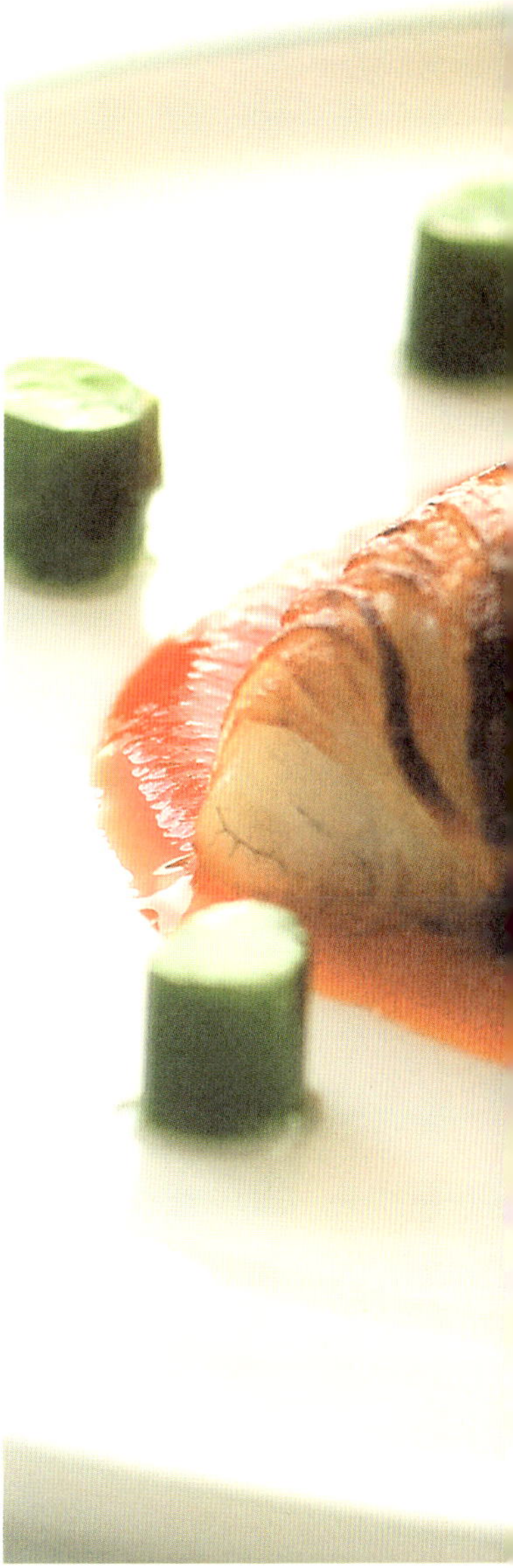

[材料6人分]

◆スズキの切り身(70g)…6切れ
◆じゃがいも…3個
◆トマト…4個
◆玉ねぎ…1/4個
◆にんにく…1片
◆バジル…5枚
◆ブーケガルニ…1束
◆グリーンアスパラ…6本
◆オリーブ油、小麦粉、塩、
カイエンヌペッパー、バター
…各少々

[作り方]

1 スズキを3枚におろし、70gの切り身にする。
2 じゃがいもは皮をむき、ツマカッターかスライサーでひも状に細く切る。
3 スズキを2で包むように巻き(写真)、小麦粉をまぶす。フライパンにバターを入れてこんがり焼く。
4 トマトソースを作る。鍋にオリーブ油を入れて火にかけ、みじん切りにしたにんにく、玉ねぎを炒める。乱切りしたトマトを加えてさらにソテーし、塩で味付けし、ブーケガルニを入れて煮込む。
5 4をミキサーにかけてピュレ状にしたら鍋に移し、バジル、オリーブ油を加えて味を調える。
6 皿に5のソースを敷き、3を盛り、付け合わせとしてグリーンアスパラをあしらう。

さつまいも

西日本の人はねっとりしたものを、東日本の人は、ホクホクしたものを好む傾向があるというさつまいも。原産は中米で、日本には中国を経て宮古島に入ったのが始まり。以降、琉球へと伝わり薩摩(鹿児島)を経由して日本全土に広まったことから「薩摩芋」の名が付きました。「甘藷《かんしょ》」とも呼ばれますがこれは中国語の漢名です。県産では遠州の砂地で育つものが代表的で、品種は紅高系、ベニアズマ、紅赤など。どれも甘味が強く、お菓子にも向いている味自慢のものばかりです。ところでこのさつまいも、料理の際は「高温で一気に」より「低温でじっくり」がおすすめです。それはでんぷんを糖質に変える酵素が、六十〜八十度の低温加熱が続くと活発に働き、糖化がどんどん進むから。だから熱した小石(礫)でじんわりと加熱する石焼きいもは、と〜っても甘くなるのです。

※見立て・栄養等は103ページ

さつまいものオレンジ煮
バニラ風味

素朴な甘さと上品なバニラの香り
前菜やティータイムのおともにもぴったり

[材料4人分]

◆さつまいも
(細目のもの)…4～5本
◆オレンジ…1個
◆バニラビーンズ…1本
◆グラニュー糖…50～60g
(さつまいもの甘さで調節)
◆塩…少々

[作り方]

1 さつまいもは2cmの輪切りにし、水にさらしてあく抜きをする。
2 鍋に水気を切ったさつまいもを入れ、かぶる程度の水、塩少々を加えて火にかける。最初は中火くらいで、煮立ったらごく弱火にして10分ほどゆでる。
3 ゆで汁を全部捨て、軽くさつまいもをすすぎ洗いして鍋に戻し、グラニュー糖、オレンジ(半分に切ったもの)、縦に包丁で割ったバニラビーンズ、水400ccを入れて落とし蓋をし、中火で煮る(写真)。
4 さつまいもが柔らかく煮えたら先に取り出して盛り付け、煮汁を軽く煮詰めてからかける。

《Advice》バニラビーンズは香りの高いマダガスカル産がおすすめです。

さつまいもの焼きプリン

素材のおいしさそのまんま
女の子なら誰もが好きなお菓子

[材料 直径21cmのマンケ型1台分]

- さつまいも…325g
- 卵黄…4個
- 全卵…4個
- 生クリーム(47%)…400cc
- 牛乳…75cc
- グラニュー糖…150g
- シナモン、ナツメグ、コーンスターチ…少々

《キャラメル》

- 水…30cc
- グラニュー糖…150g

[作り方]

1. 型にバターを塗っておく。牛乳は沸騰させて熱くしておき、さつまいもはゆでて熱いうちに裏ごしする。
2. ボウルにさつまいも、生クリーム、全卵、卵黄、グラニュー糖を入れ、よく混ぜ合わせる。
3. 2にナツメグ、シナモン、コーンスターチを加え、1で熱くしておいた牛乳を注ぎ、素早くかき混ぜる。キャラメルの材料を小鍋に入れて強火にかけ、キャラメルをつくる。
4. 型にキャラメルを流し、固まったら生地をこしながら流し込む。
5. バット内に新聞紙を敷き熱湯を張る。そこに型を置きホイルをかぶせて160℃のオーブンで30分蒸し焼きにする。
6. 焼き上がったら、粗熱を取り冷蔵庫でよく冷やす。型から取り出し(写真)、皿に盛り付ける。

菊川町のゴールデンベリー

Golden Berry

淡いベージュの袋の中は あま〜い香りの金色の果実

県内で唯一の食用ほおずき ゴールデンベリー

お茶処・小笠郡菊川町で全国的にも珍しい、食べるほおずき「ゴールデンベリー」を作っている女性がいる。黒田秀子さんと沢崎富子さん。二人は六十坪のビニールハウスで、この希少価値の高い新しい果実栽培に励んでいる。

ゴールデンベリーはナス科の植物で原産地は南米ペルー。よく知られた観賞用ほおずきは、オレンジ色をしているが、この食用ほおずきは、優しいピンクベージュ。

生垣のように樹が茂るハウスの中で、「これなら、食べ頃かしら」と言って、黒田さんが実を一つ摘んでくれた。手のひらにコロンと収まった摘んだばかりのほおずき。どことなくハートの形にも似ていて、とても愛らしい。

日に透かしてみると、芸術品のように繊細な網目ごしに、うっすらと実が透けて見えた。わくわくしながらほおを破いてみると、黄金色に輝くまあるいベリーが顔を出し、それと同時に、何とも言えない甘〜い香りが鼻をくすぐる。〝桃やキウイに似た香り〟とよく表現されるというが、どことなくマンゴーのような南国系フルーツに近い芳醇さも。食べてみると甘さだけでなく爽やかな酸味がしっかりと主張して、口いっぱいに広がった。

栄養面では、ビタミンAが大変多く、βカロテンも豊富。糖度は十から高いものでは十六度にもなるという。

最初の二、三年は枝の剪定の加減が分からず、色付く前の緑色のほおずきが次々と落下してしまい、理由が分からず悩まされたという苦労も。手探りながらも試行錯誤を重ねて、少しずつコツを覚え、今ではフレンチの鉄人・坂井宏行シェフの店「ラ・ロシェル」をはじめ、約二十件のレストランと契約するまでに。「毎年ね、まだ？もう（実がなった？）ってシェフが収穫を楽しみにして電話をくれるの」と微笑みながら話す二人。

ヨーロッパでは早くから料理に使われてきたが、日本ではまだまだこれからのゴールデンベリー。ピューレをシャーベットやゼリーにするなど食べ方は色々あるが、まずは、そのまんまパクッと味わってもらうのが一番！

食べ頃は一月末〜五月末頃。

問い合わせ
ミナクルふれあい菊川の里
TEL 0537（35）3111

写真上／かれんなゴールデンベリーの花。
写真右／ほおが傷つきやすい上に、熟し具合を見極めて出荷するのが難しい。
写真左／黒田さんと沢崎さん。二葉のように一緒にがんばろうね、の意味を込め、二人の屋号は「沢二葉」。

ブロッコリー

見た目からは想像がつきませんがキャベツの仲間。地中海沿岸が原産地で、ブロッコリーという名前の語源は、イタリア語の「キャベツの芽」からきているとか。ちなみにフランスでは「アスパラガス・キャベツ」、イギリスでは「イタリアン・アスパラガス」と呼ばれています。日本には明治時代に、カリフラワーと一緒に伝えられました。戦前はあまり需要がなく、当初はカリフラワーの方が良く食べられていましたが、今では栄養価の高さが注目され、ブロッコリーの消費量が多くなりました。

茎の部分は捨てるという人がいますが、茎は栄養の宝庫です。静岡県産は花蕾《からい》の密度が濃く、茎は筋が気にならない柔らかさが特徴なので、素材として利用しない手はありません。食べやすい厚さ、大きさに切ってゆでたり、炒めたり…。食物繊維もたっぷり含まれています。

※見立て・栄養等は104ページ

くたくたブロッコリーのパスタ

たっぷりしっかり麺にからんだ
つぶつぶブロッコリーがクセになるスパゲッティーニ

[材料2〜3人分]

- スパゲッティーニ（太さ1.2〜1.6mm）…200g
- ブロッコリー…2株（芯を除いた花蕾の部分を一口大に切る）
- にんにく（みじん切り）…少々
- アンチョビペースト…大さじ1
- タカのツメ（輪切り）…1/2本分
- オリーブ油…大さじ2〜3

[作り方]

1 鍋にたっぷりの湯を沸かし、塩を1ℓの湯に対して10gほど入れ、スパゲッティーニを入れる。ゆであがる5分ほど前にブロッコリーも同じ鍋に入れてゆでる。

2 フライパンに、にんにく、タカのツメ、アンチョビペースト、オリーブ油を入れて弱火にかける。にんにくが薄いキツネ色に色付いたらスパゲッティーニのゆで汁100ccを入れて強火にし、鍋をゆすりながらソースを乳化させる（やや白濁し、とろっとするのが乳化のサイン）。

3 ゆであがったスパゲッティーニとブロッコリーを1のフライパンに入れ、ブロッコリーをおたまやスプーンの背で軽く潰しながらよくからめて仕上げる。

ホタテ貝柱のソテープロヴァンス風
ブロッコリーのフラン添え

2種類のブロッコリーの食感が楽しい
華やかなメインディッシュ

Recipe
シェ・モリヤ

[材料6人分]

- ブロッコリー…1株
- ブロッコリー(ピュレ用)…200g
- ホタテ貝柱…18個
- トマト(果肉)…1個分
- ベーコン…60g
- マッシュルーム…6個
- フレッシュハーブ…適量
- フレンチドレッシング…100cc
- デミグラスソース…10cc
- 塩、生クリーム…少量
- ブロッコリーのフラン(※)…6個

[作り方]

1 ホタテ貝柱は、塩で味付けしてフライパンでソテーする。

2 ブロッコリーは、小房に分けて塩ゆでする。

3 ソースを作る。鍋にフレンチドレッシング、小さく角切りにしたトマト、ベーコン、マッシュルームを入れて火にかけて軽く温め、デミグラスソースと塩で味を調える。仕上げにフレッシュハーブを加える。

4 ピュレ用のブロッコリーをミキサーにかけてピュレ状にし、生クリーム少量と合わせて火にかけてから塩で味を調える。

5 皿に4のピュレを敷き、1をのせ、3のソースをかける。ブロッコリーのフランと2のブロッコリーを添える。

[※ブロッコリーのフランの作り方(6個分)]

[材料]◆ブロッコリーのピュレ…170g ◆全卵と生クリームを合わせたもの…80cc ◆野菜のブイヨン、塩…少量

すべての材料を混ぜ合わせ、バターを塗ったプリンカップに流し、ホイルで軽くふたをする(写真)。湯せんにかけ180℃のオーブンで18分蒸し焼きにする。

ブロッコリーとエリンギのフライ 和風ディップ

サクサク衣の下は、甘〜いブロッコリー
天然塩をつけて食べてもGOOD

Recipe
ハシトラ

[材料4人分]

- ブロッコリー…1/2株
- エリンギ…4本
- 生パン粉（細か目のもの）
- 天然塩…適量
- Ⓐ
  - 卵…1個
  - 小麦粉…大さじ5
  - 水…50cc
- Ⓑ
  - マヨネーズ…大さじ3
  - しょうゆ…小さじ2
  - かつお節…10g

[作り方]

1. ブロッコリーは水でさっと洗い、房の部分と茎の部分に分ける。房は小房に分ける。茎は一番おいしい部分なので、周りの枝の部分を切り落とし、長さ3cm、厚さ5mmの角切りにする。
2. エリンギは食べやすい太さに（半分から1/4くらい）割く。
3. Ⓐをボウルに入れ、小麦粉がなじむまで泡だて器で混ぜる。
4. 揚げ油を170℃に熱し、1と2を3にくぐらせ、パン粉を付けて、ブロッコリーの茎、房、エリンギの順番で揚げる。房は、重みで茎側が下がるので、時々房側を油につけながらパン粉が色付くまで揚げる。
5. Ⓑを混ぜ合わせ和風ディップを作る。お好みで天然塩も添える。

カリフラワー

和名は花椰菜《はなやさい》。ブロッコリーと同じく、地中海沿岸の島に分布する野生のキャベツがルーツです。食べているのは、茎の頂に一つだけなる蕾の集まり、花蕾《からい》。これが純白に近く、美しいほど良品とされるため、農家は大きな外葉を一枚一枚上にあげ、花蕾を包み込むように頂上で縛ります。そうして日光で変色しないように手間をかけて育てられたカリフラワーが、私たちの食卓に届いているのです。県内では、西部地区で栽培がさかんで、出荷量が多く、全国有数の生産量を誇ります。「スノークラウン」「新雪」「富士」などの品種名からも分かるように今までは白が一般的でしたが、オレンジや黄緑、紫色の新品種も登場しています。クセのない何にでも寄り添う優しい野菜。味が花蕾にしみこむので、トマトソースやクリームソース、ピクルスなどにも最適です。

※見立て・栄養等は105ページ

かりふらわー白味噌洋風焼 ぴんちょスタイル

ほんのり和風だしの風味と
白味噌ホワイトソースが優しい味わい

Recipe
寿し半

[材料4人分]

- ◆カリフラワー…1株
- Ⓐ
  - ◆かつおだし…400cc
  - ◆薄口しょうゆ…40cc
  - ◆みりん…40cc
  - ◆牛乳…40cc

《白味噌ホワイトソース》

- ◆牛乳…400cc
- ◆生クリーム…200cc
- ◆西京白味噌…80g
- ◆小麦粉…70g
- ◆バター…70g

[作り方]

1. カリフラワーは一口大の小房に分ける。
2. 鍋にⒶを入れてひと煮立ちする。
3. 2の中に1のカリフラワーを入れて自然に冷ます。冷めたらだしからカリフラワーを上げて、ふきんなどで余分な水気を取り除く。
4. 白味噌ホワイトソースを作る。牛乳、生クリーム、西京白味噌をボウルの中でよく混ぜ合わせる。
5. 鍋にバターを入れ中火にかけ、バターが溶けたら小麦粉をふるって加え、弱火でよく練り合わせる。そこに4を少しずつ加え、中火で鍋底を焦がさないように火加減に気をつけながらよく練り、ひと煮立ちさせる。
6. 3の上に5のソースをたっぷり掛け（写真）、180℃のオーブンで約3分ほど、焼き色が付くまで焼く。

Recipe
すぎもと

カリフラワーのポタージュ

淡白なのに素材の味がしっかり生きてる
洗練された印象の真っ白いスープ

[材料4人分]

◆カリフラワー…1株
◆玉ねぎ…1/2個
◆チキンブイヨン…500cc
◆生クリーム…100cc
◆牛乳…100cc
◆バター…20g
◆塩・こしょう…少々
◆イタリアンパセリ(飾り用)…少量

[作り方]

1 カリフラワーは小房に分け、玉ねぎはスライスする。鍋にバター(分量外20g)と玉ねぎを入れて弱火でじっくり炒める。
2 玉ねぎが汗をかいてきたら(つやが出て表面がしっとりとぬれた感じになるのが目安)、カリフラワーを入れて火を通す(ここで急ぐと野菜の味が出てこないのでじっくりと加熱する)。玉ねぎが透き通ってきたらブイヨンを加え、時々かき混ぜながら約30分弱火で煮る(写真)。
3 2をすべてミキサーにかけ、ピュレ状にする。
4 3を鍋に戻し、生クリームと牛乳を入れ、塩、こしょうで味を調える。
5 仕上げにバターを入れ、ハンドミキサーでよく溶かし込み、ふんわりと空気を入れる。器に盛り、イタリアンパセリなどを飾る。

白ねぎ

暑い季節には冷たい麺の薬味として、寒さが身にしみる季節には、鍋ものや湯豆腐など、体があったまる料理の名脇役になるねぎ。白い部分を食べる長ねぎ(別名/白ねぎ、根深ねぎ)と緑の葉を食べる葉ねぎ(青ねぎ)に大別され、静岡と愛知を境目に、栽培も消費も「関東は白、関西は青」が主流。東京の蕎麦には白ねぎ、大阪のうどんには葉ねぎが薬味として添えられているのも、食文化の違いを象徴しているようです。長ねぎは白ねぎとも言われるほど、白さが命。苗の段階から溝の中に植え付け、その後成長に応じて太陽の光を遮るように土をかぶせる作業を繰り返し、上へ上へと白い部分を作り上げていきます。県内では明治時代から栽培が始まり、東から西まで広く作られていますが、中心は中遠地域。つややかで、風味も豊かなおいしさが自慢です。

※見立て・栄養等は106ページ

焼き白ねぎ
白ねぎ牛肉巻き

シンプルゆえ、素材にはこだわりたい一品
熱々をふうふうしながらどうぞ

［材料4人分］
- 白ねぎ…2本
- ごま油…適量
- 塩（できれば天然塩）…適量

［作り方］
1. 白ねぎは軽く水洗いをして水気を取っておく。表面に深さ5mm程度の包丁目をなるべく細かく入れながら、幅4～5cm程度の長さに切る。
2. ねぎ全体にごま油を刷毛で塗り、塩をふって金網で焼く（写真）。表面にこんがり焼き目が付いたら出来上がり。

焼き白ねぎを使って、もう一品
白ねぎ牛肉巻き

［材料4人分］
- 白ねぎ…2本
- 牛肉スライス…200g
- 玉ねぎ…1/4個
- 濃口しょうゆ…100cc
- みりん…120cc

［作り方］
1. 白ねぎはごま油を刷毛で塗って焼き、牛肉スライスの幅に合わせて切る。
2. 玉ねぎをすりおろし、濃口しょうゆとみりんを合わせて良く混ぜる。
3. 2のたれを牛スライスの両面に塗る。その上に1の白ねぎを芯になるように置いて牛肉で巻き、全面が焼けるように時々転がしながら弱火で焼く。
4. 焼き上がったら適当な大きさに切って器に盛る。

鴨肉と白ねぎの バルサミコソース

相性抜群の鴨とねぎ
特製のバルサミコソースでどうぞ

Recipe
トラットリア ジージョ

[材料4人分]
◆鴨むね肉
(なければ鶏もも肉)…1枚
◆白ねぎ…1本
◆塩、黒こし
◆お好みの葉野菜
(クレソン、ルッコラ、水菜、トレヴィス、ベビーリーフなど)

《バルサミコソース》
Ⓐ
◆バルサミコ酢…500cc
◆砂糖…大さじ3
◆ラズベリー
(冷凍でも可)…120g

[作り方]
1 鴨肉の脂身側に包丁で切れ目を入れ、多めに塩、こしょうをする。
2 フライパンに少しの油を入れて加熱し、熱くなったら1の脂身側を下にして焼く。キツネ色になったら裏返し、脂身から出た脂を鴨肉にスプーンでかけながら焼く。
3 白ねぎは斜め切りにし、できればグリル板で焼き目を付けて両面焼き(写真)、塩、黒こしょうで味付けする。
4 皿にお好みの野菜をたっぷりのせ、適当な大きさに切った2と3を並べる。
5 ソースを作る。Ⓐの材料を小鍋に入れ弱火にかける。かき混ぜながら半量まで煮詰め、裏ごす。できたソースを4にかけて完成。

《Advice》キッチンで眠っているバルサミコ酢がある人におすすめのソース。25年物のバルサミコ酢に負けない、コクと深みのある味わいになります。ラズベリーのかわりにブルーベリーやアプリコット、プラムなどのジャムを使っても可。その場合、砂糖は不使用です。

万能！
焦がしねぎソース

ねぎ好きにはたまらない！
めん類や揚げ物にも合う香ばしいコクのあるソース

[材料4人分]
- 鶏もも肉…200g
- 木綿豆腐…1/2丁
- 白髪ねぎ…適量
- 糸唐辛子…適量

《ねぎソース》
- 白ねぎ…2本
- しょうが…1片
- サラダ油…200cc
- Ⓐしょうゆ…200cc
- Ⓐ酢…100cc
- Ⓐ上白糖…大さじ3

[作り方]

1 白ねぎは、先に白い部分を5cmほど切って白髪ねぎを作る。

2 残った部分を粗いみじん切りにする。フライパンにサラダ油と皮をむいて厚めにスライスしたしょうがとねぎを入れ、火にかける。

3 均一に色が付くように様子を見ながら、おたまなどで時々かき混ぜて焼き色を徐々に付けていく。黒くなる一歩手前で火を止め、余熱で焦がす。

4 Ⓐの調味量を合わせたところに3をすべて加え混ぜる（入れ方を間違えると油が飛んで危ないので注意する）。

5 ねぎの青い部分と一緒にゆでた鶏もも肉（写真）を適当な大きさに包丁で切り、手でくずした木綿豆腐と皿に盛る。白髪ねぎと糸唐辛子を添えた上にソースを回しかけて完成。

《Advice》このソースは作り置きしておくと便利。約1週間冷蔵保存できます。

海老芋

茶色いしま模様と、先が少し曲がった独特の形。その特徴が伊勢エビに似ていることから海老芋と呼びます。里芋の仲間の唐芋を特殊な方法で栽培したものですが、特筆すべきはその肉質。きめが細かく、口に入れるとほろほろと溶ける柔らかさがあるのに、煮崩れを起こしません。そのため関東や関西の料亭では、懐石料理の含め煮に欠かせない芋と重宝がられ、エビや松茸の形に細工してお祝い料理の演出に使うそうです。このように高級店向けから家庭用までと、形や大きさによって使い道も違うので、ニーズに合わせて三十階級にも分別されるそうです。地元では小さな孫芋やひ孫芋が雑煮やおでん、味噌汁の具に使われます。京都周辺で作られている印象の野菜ですが、実は全生産量の八割以上を豊岡、竜洋、豊田町周辺で栽培。もちろん全国一を誇ります。

※見立て・栄養等は107ページ

海老芋のねぎ風味
香菜ソースがけ

絶品の香菜ソース！海老芋のねっとりした
食味の良さを堪能できる一品

Recipe

華市

[材料4人分]

◆海老芋…3個
◆白ねぎ
(みじん切り)…大さじ1
◆青ねぎ
(みじん切り)…大さじ2
◆サラダ油…100cc
◆ねぎ油、焼酎…各大さじ1
◆スープ…50cc
◆塩…小さじ1/3
◆ごま油…小さじ1

《香菜ソース》

◆香菜…60g
◆エシャレット…20g
◆しょうが…20g
◆にんにく…20g
◆サラダ油…100cc
◆一味唐辛子…少々
◆塩、こしょう…適量
◆酢…大さじ1
◆柚子こしょう、砂糖…小さじ1
◆紹興酒、ナンプラー、
しょうゆ…大さじ2

[作り方]

1 海老芋は皮をむいて塩、酢(分量外・各大さじ1)を加えたボウルに張った水でこすり洗いして汚れを取る。

2 適当な大きさに切ってから水洗いをしてぬめりを落とし、指でつまんで柔らかさを感じるようになるまで約20分蒸す。

3 2の1/3は軽く潰し、2/3は2～3cm角に切る。

4 鍋にねぎ油、ねぎのみじん切りを入れて香りが出たら、潰した海老芋を入れて粘りを出すように炒め、残りの海老芋と焼酒、スープ、塩を入れ、さらに炒めてごま油をそそぐ。青ねぎを軽く和えて皿に盛る。

5 香菜ソースは材料(写真)をミキサーにかけて仕上げ、4にかけていただく。

海老芋の唐揚げ 利久あんかけ

しょうゆが香ばしく、ほっこりして柔らかな食味
ごまあんをかけて、ひと手間かけた印象に

Recipe
あつみ

[材料4人分]

- ◆海老芋…1kg
- ◆米のとぎ汁…3ℓ
- ◆砂糖…300g前後
- ◆だし…2ℓ
- ◆昆布…10cm角

《利久あんかけの材料》

- ◆当たりごま（練りごまペーストでも可）…50g
- ◆だし…200cc
- ◆濃口しょうゆ…大さじ1
- ◆みりん…大さじ1
- ◆水溶き片栗粉…適量
- ◆小麦粉…適量
- ◆サラダ油…適量
- ◆柚子（お好みで）…少々

[作り方]

1 海老芋は形良く皮をむき、米のとぎ汁で下ゆでをする。沸騰して1分くらいで冷水に取り、ザルに上げて水気を切っておく。

2 2ℓのだしに昆布を入れて1を柔らかくなるまで煮る（芋が浮いて割れてくるのが目安。竹串を刺して持ち上げた時に、自然に芋が落ちていく柔らかさになっていればいい）。煮ていく間に砂糖を3回に分けて入れる。煮えたら火を止め、鍋のまま自然に冷めるのを待って味を含ませる。

3 利久あんかけを作る。だしを温めて当たりごまを入れて、しょうゆ、みりんで味を調えたら水溶き片栗粉でとろみを付ける。

4 1の海老芋を布巾の上にのせて汁気を取り除き、しょうゆを刷毛で塗って（写真）小麦粉をまぶし、サラダ油で160～180℃位の温度で色付くまで揚げる（しょうゆが焦げやすいので注意する）。

5 4の海老芋を器に盛り付け、3の利久あんをかけて、香り柚子を少し添える。

こだわりVegetable 豊岡村の海老芋

とろける食感がたまらない 子芋からひ孫芋まで食べる芋

料理人に愛される食感と風味 生産量は日本一

天竜川東岸に位置する豊岡村。ここは関東や大阪の料亭が、その味と食感の良さから好んで使う高級芋、海老芋の全国一の産地として知られている。

名前の由来はエビの背のような横縞模様と形。この模様は、芋の品質の良し悪しを決める重要なポイントになる。

「縞がはっきり出ていて、下の部分が少し曲がっているものが、市場で良品と言われる海老芋。だから農家は、この模様と形を作るために、大変な時間と手間をかけるんですよ」。

こう語ってくれたのは、豊岡村でこの道三十年の新貝和好さん。前日掘り出したばかりという、泥がついたままの芋を見せてくれた。芋の表面を指でそっとこすると、独特の模様が顔を出した。

海老に似ていることから「腰が曲がるまで長生きする」と珍重されているが、料理人がこの芋を好む理由は、縁起のいい見た目だけではない。和食に欠かせない最大の理由は、何といっても、その食味。香りとコクが豊かで、煮物にした時に、煮崩れを起こさない。しかし煮崩れないからといって堅さがあるのではなく、口溶けはとても柔らかい。

「口で説明するのは、難しいから食べてもらうのが一番。サラッと口の中でとろける食感は、ほかのどの芋にもない特徴」と、新貝さんも胸を張る。

七月—。猛暑のなか、農家は海老芋の株元へ土を寄せる。そして長く伸びた太くて堅い親芋の葉を、カマを使って力いっぱい切る。

「伸びては切って、また伸びては切る。そうして畝の中で五、六回、土寄せをすることで縞模様を作り出すんだけど、真夏の太陽が照りつける中、腰をかがめて畑を這いずり回るでしょう。本当に手間がかかる芋なんです」。

そうやって愛情たっぷりに育てられた海老芋の旬は、秋から冬。九月下旬から出荷されるが、最盛期は十一月から一月頃。寒さが本格化してくると、味も最高においしくなる。

問い合わせ
JA遠州中央豊岡営農センター
TEL.0539(62)4446
豊岡とれたて元気村
TEL.0539(63)0255

写真右／海老芋は、里芋の品種の一つである唐芋を特殊栽培したもの。何度も土を盛ることで模様と形を作り出している。小ぶりな孫芋は、味噌汁や雑煮に入れるとおいしい。
写真左／自慢の海老芋を見せてくれた新貝和好さん。

たけのこ

桜の開花が待ち遠しい春ー。最も旬を感じさせる食材と言えばたけのこではないでしょうか。特に季節感を大切にする日本料理では、食卓に春の訪れを告げる味覚の一つです。旬という字が意味するところは十日間。成長が早く、わずか十日(旬内)で竹になってしまうことから、「筍」という字があてられました。約七十もの種類がありますが、日本で食用とされているのはおもに孟宗竹《もうそうちく》。東南アジアが原産のイネ科植物で、食用にされているのは中国、日本、台湾のみだそうです。そのほかの国では、道具や建物の材料として使われるに留まっています。県内の産地は、ブランドとして知られる岡部町をはじめ、芝川、清水、南伊豆など。えぐみが少なくほんのり甘味もあり、掘り立てはまるでトウモロコシのような香りが口いっぱいに広がります。

※見立て・栄養等は108ページ

たけのこ、干しエビ、ザーサイのピリ辛炒め

「これがたけのこ？」と驚く食感
お酒やご飯がすすむ、風味豊かな炒め

Recipe
盛旺

［材料4人分］

- たけのこ…400g
- ザーサイ（みじん切り）…30g
- 干しえび（みじん切り）…20g
- タカのツメ（種を除き輪切り）…3本
- 白ねぎ（みじん切り）…10cm分
- しょうゆ…大さじ1
- 砂糖…小さじ1
- ごま油…大さじ1
- 中華スープ…60cc
- 酒…少々

［作り方］

1 たけのこは3～5mmの厚さでスライスし、約180℃の油で時々かき混ぜながらカラッとするまで10分ほど素揚げにする（写真・水分が抜けてたけのこが浮いてくるのが目安）。揚がったら鍋から取り出し、油を切っておく。

2 鍋に油大さじ2（分量外）を熱し、ザーサイと干しえび、タカのツメを香りが出るまで軽く炒め、1のたけのこを入れ、しょうゆ、砂糖、酒、こしょう、中華スープで味付けし、汁気が無くなるまで炒める。

3 白ねぎを加え、ごま油を鍋肌から回し入れて完成。そのままで酒の肴に。またごはんに混ぜて「中華風たけのこご飯」にしても美味。

たけのこの鹿の子揚げ

かりっとした鹿の子のなかは
ほんのり桜色の、えび団子

[材料4人分]

- たけのこ(下ゆでしたもの)…中2個
- 玉ねぎ…1/4個
- 冷凍無頭えび…500g
- 片栗粉…適量
- サラダ油…適量
- Ⓐ白身魚のすり身…200g
- Ⓐ卵…2個
- Ⓐサラダ油…80cc
- Ⓐ塩…少々
- Ⓐ砂糖…少々

[作り方]

1 たけのこは5mm角くらいの小角に切って熱湯で軽く湯通しをする。布巾などで水気をしっかり切ってから、片栗粉をまぶしておく(写真)。

2 玉ねぎをみじん切りにして油で炒め、冷ましておく。

3 えびは解凍して背わたと殻を取っておく。

4 フードプロセッサーに2と3とⒶを入れ、えびの形が無くなる程度に混ぜ合わせ、えびのすり身を作る。量が多くて回らない場合は半量ずつ2度に分けてもいい。

5 4を団子状に手で丸める。1のたけのこを回りに付け、160℃くらいの低温で揚げる。中まで火が通ってくるとえび団子が浮いてくるので、たけのこが焦げないうちに取り出し、塩をふって盛り付ける。

《Advice》えびのすり身団子は、いろいろな料理に七変化する万能選手。のりや大葉で包んで揚げてもおいしくいただけます。

たけのこのリゾット
菜の花を添えて春気分

春らしい優しい味のリゾット
お好みでゴルゴンゾーラを入れて

［材料4人分］

- ご飯…400g
- たけのこ（市販の水煮でも可）…120g
- 菜の花…120g
- 生クリーム…120cc
- パルメザンチーズ…30g
- 魚の固形ブイヨン…1/2個
- 塩…適量
- ゴルゴンゾーラチーズ…適量

［作り方］

1. たけのこは1cm角のサイコロ状に切る。
2. 菜の花は食べやすい大きさに切る。
3. 鍋に1、2、水120cc、生クリーム、ブイヨンを入れて火にかける。
4. 菜の花に火が通ったらご飯を入れる（前日の残りごはんでもよいが、その場合は水分が抜けているので、ソースの量を全体的に増やす）。
5. ご飯がソースになじんできたらパルメザンチーズを加え、味が足りなければ塩で味を調える。

《Advice》トロリとするように仕上げるのがこつ。火に長くかけるとポテポテになってしまうので注意しましょう。お好みでゴルゴンゾーラを加えるとコクのある仕上がりに。

メキャベツ&プチヴェール

ころんとした形が可愛らしく、キャベツのミニチュアのようなメキャベツ。その名前から、キャベツの芽と思われそうですが、実は品種が異なります。小笠地区が全国一の産地で、全国の市場のなんと九五%を静岡産が占めています。一株から多いと七十個もとれることから「子持ちかんらん」「子持ち玉菜」とも呼ばれ、子孫繁栄の縁起物としてお祝い料理に重宝がられています。寒さが厳しくなると一層甘さが増してくるので、濃厚な味を体があったまるシチューや煮込み料理で楽しんでみましょう。一方プチヴェールは、一九九〇年に豊田町で生まれた野菜。青汁で知られる健康野菜・ケールとメキャベツの交配で、仏語で「小さな緑」という名の通り、フリルに縁取られた緑のバラのよう。ともに旬は一二月から二月末頃までと短い、旬のはっきりとした野菜たちです。

※見立て・栄養等は109ページ

メキャベツのプーリーゼ
南イタリア風

人気のにんにく&アンチョビ風味
メキャベツの甘さが引き立つ一品

[材料4人分]

- メキャベツ…20個
- にんにく…2片
- アンチョビフィレ…15g
- タカのツメ…1/2個
- オリーブ油…40cc
- 牛乳…60cc
- 塩…適量
- クレソン（飾り用）…適量

[作り方]

1. 水1ℓの鍋に牛乳を加え、メキャベツをゆで過ぎに注意しながら少し固めにゆで（写真）、ザルに上げて水切りしておく。
2. にんにくはみじん切りにし、アンチョビは粗く切る。
3. フライパンにオリーブ油、にんにく、アンチョビ、タカのツメを入れ、にんにくがうっすらキツネ色になったらすぐにゆでたメキャベツを加え、軽く混ぜ合わせる。
4. 塩で味を調えて器に盛る。

プチヴェールと あさりのクリーム煮

栄養価も抜群！注目のニュー野菜は
濃厚なソースがよくからむ優秀な素材

[材料4人分]

- ◆プチヴェール…100g
- ◆あさり…200g
- ◆にんにく…1片
- ◆オリーブ油…50cc
- ◆白ワイン…100cc
- ◆生クリーム…200cc
- ◆こしょう、レモン汁…少々

[作り方]

1. 塩（分量外・小さじ1）を入れ沸騰させた湯で、プチヴェールを2分ほどゆで、ザルに上げておく。
2. にんにくをみじん切りにしてフライパンに入れ、オリーブ油で炒める。にんにくの香りが出てきたら、あさりと白ワインを入れふたをする。あさりは口が開いたら、取り出しておく。
3. 煮汁に生クリームを入れ、少し煮詰める。味を見ながら少しこしょうを入れる（あさりに塩分があるので塩は入れなくてよい）。
4. あさりとプチヴェールをフライパンに戻し、ひと煮立ちさせたら、レモン汁を2滴ほど垂らして器に盛る。

《Advice》プチヴェールが手に入らなければ、代わりにメキャベツや普通のキャベツでもおいしく出来ます。

こだわりVegetable

豊田町生まれのプチヴェール

メキャベツとケールから生まれた バラの形をした可愛らしい野菜

Petit vert

名前の由来はフランス語で"小さな緑"

「プチヴェール」―名前の響きがエレガントで、優しい印象のこの野菜は、見た目もどことなくおしゃれな雰囲気が漂う。九〇年に豊田町の種苗会社、増田採種場で生まれた正真正銘のしずおか野菜だ。

•

「青汁」の主原料で知られるアブラナ科のケールと、同じアブラナ科のメキャベツの掛け合わせ。一口サイズのかわいらしい姿からは想像できないほど栄養価が高く、カロテン、ビタミンC、鉄、カルシウムのすべてが、健康野菜の筆頭に挙がるブロッコリーより豊富に含まれる。

でも、どうしてケールとメキャベツを掛け合わせることに?

開発にあたった増田採種場のスタッフの一人、増田寛之さんが、その誕生秘話を教えてくれた。

「二十年ほど前、当時から県内で作られていたアブラナ科植物の間で、根コブ病が問題になっていました。その病気に対して強い抵抗性を持った新しい野菜を開発しよう、という話が持ち上がり、メキャベツと交配する候補にケールがあがったんです。掛け合わせを繰り返すうちに、バラのような野菜が偶然できて…。『こんな形も、面白いんじゃない?』という遊び心から、商品化することになったんです」。

料理の幅が広いのもうれしい。水洗いをして熱湯で二、三分ゆでれば、そのままでも十分おいしいサラダの出来上がり。もちろん、好みのドレッシングやマヨネーズ、ごまと和えてもいいし、炒め物やクリーム煮にも向く。

糖度は平均して十一から十三度。甘味が強いので、野菜嫌いの子どもにもすんなり受け入れられるそうだ。

現在はJAとぴあ浜松、JA南駿で栽培。その栄養価に注目し、プチヴェール緑茶や、豊田町のレストラン「ハーモニー」の足立シェフが作るプチヴェールパンも登場した。霜にあたるとグンと甘さが増して、十二月から三月末頃までが食べ頃。三月上旬に地元だけに出回る「菜の花プチヴェール」も、旬の味覚として人気上昇中。

問い合わせ
(株)増田採種場
TEL.0538(35)8822
JAとぴあ浜松営農販売課
TEL.053(476)3136
JA南駿営農指導課
TEL.055(933)7000

写真右／子だくさんのメキャベツと同じで、幹にびっしりと70～80個もの実がなる。茎はジュースにするとびっくりするほど甘い。
写真左／こんもりとした外葉が害虫や寒さから守ってくれる。

にんじん

鮮やかなオレンジ色で、料理をカラフルに演出するにんじん。その色素の元は、がん抑制や老化防止効果が注目されている栄養素カロテン。にんじんの英語名「キャロット」に由来するほど、にんじんにはカロテンが豊富に含まれます。県内では最近、βカロテンが特に豊富な「βリッチ」という品種も作られています。世界各国を見てもオレンジ色が一般的ですが、原産地のアフガニスタン周辺に分布する野生種や、そこから発達して栽培されているものには白、黄、紫、黒などの色があり、形も丸や長いものなどさまざまです。西洋型と東洋型に大別されるにんじんですが、静岡も含め日本で今作られているのはほとんどが西洋型。西洋全盛の中で健闘している東洋型は、関西の冬の味覚「金時にんじん」（別名・京にんじん）くらいでしょう。

※見立て・栄養等は110ページ

にんじんのムース
コンソメゼリー添え

ふんわりとして、なめらかな食感
にんじんの甘味が口いっぱい広がる前菜

Recipe
マーノ・エ・マーノ

[材料6～7人分]

- にんじん…600g
- バター(無塩)…40g
- 牛乳…400cc
- 生クリーム…100cc
- カイエンヌペッパー…少量
- コンソメゼリー(下記)

[作り方]

1. にんじんは皮をむき、縦に4つ切りにし、白っぽい芯部分を除いて薄くスライス。鍋にバターを溶かし、焦げない内ににんじんを加えてじっくり炒める。バターが全体になじみ、にんじんが汗をかいてきたら蓋をしてオーブンへ。様子を見ながら途中で混ぜ170℃で約40分加熱する。
2. オーブンから鍋を取り出し牛乳を加え、水分が無くなるまで弱火で煮る。
3. 2をフードプロセッサーにかけ、裏ごし器で裏ごし、氷水に当てて冷やす。
4. 3に4分立てにした生クリームを加えさっくり混ぜ、塩と少量のカイエンヌペッパーで味付け。甘味が足りなければ少し砂糖を加える。
5. 4を絞り袋に入れてグラスに盛り(写真)、コンソメゼリーを添える。

《Advice》店ではオリジナルのコンソメを仕込みますが、家庭で簡単にできる作り方を紹介。300ccの湯で市販のコンソメパウダー(無添加)5gと板ゼラチン4gを溶かし、氷水に当ててとろみが付いたら完成。

根野菜のスティックサラダ 中華風バーニャ・カウダ

イタリア料理「バーニャ・カウダ」のシェフオリジナル中華版
野菜のうま味、かりっと丸ごと召し上がれ

［材料4人分］

- 好みの根野菜（ミニにんじん、ミニだいこん、小かぶ、ミニ紅白大根、ラディッシュ）…各4本
- 赤・黄パプリカ…各1個
- セロリ・もろきゅうなど…お好みで適量

《中華風バーニャ・カウダのソース》

- にんにく…150g
- 豆乳…1カップ
- ピーナッツ油…1カップ
- 腐乳…40g
- 塩…小さじ1
- 咸魚醤（ハムユイジャン）…大さじ1（なければアンチョビを同量）
- 豆板醤…少々

「咸魚醤」の原料になる香港産の塩漬け干し魚。

［作り方］

1 ソースを作る。鍋に皮をむいたにんにくを入れ、ひたひたになるように豆乳を加え火にかける。沸騰したら弱火にし、にんにくが柔かくなるまで煮る（焦げやすいので注意）。竹串がすっと通るようになったらにんにくをザルに上げる。にんにくをミキサーにかけ、腐乳、ピーナッツ油を加える。豆板醤と塩、咸魚醤も加え、味を調える（残った豆乳は、中華スープでのばせばにんにく風味の豆乳スープに。麺を入れ豆乳ラーメンにしても美味）。

2 根野菜は汚れをきれいに洗い流し、葉を切りそろえておく。パプリカは上下を切り落とし、1cm幅のスティック状に切る。

3 1のソースを温め、熱々のソースに野菜をつけながらいただく。

こだわりVegetable

大東町のハニーキャロット

甘さに感動！βカロテンも豊富 オレンジ色がきれいな春ニンジン

Honey Carrot

味の秘訣は遠州灘に広がる砂地

強い西風が吹きつける遠州灘沿岸。その砂地で育つ春ニンジンを食べると、「これが本当にニンジン？」と、誰もが驚くという。

その名も「ハニーキャロット」。オレンジ色が濃く、とにかく甘い！そして、ニンジン嫌いな人が、苦手な理由に挙げる独特の香りが、ほとんど感じられない。

•

小笠郡大東町のJA遠州夢咲睦浜支店の杉浦清司支店長は、この地でハニーキャロットの栽培が始まるきっかけを作った仕掛け人。

「一度食べたらニンジンのイメージが変わりますよ。品種は『ベータリッチ』といって、名前の通りβカロテンが豊富。健康にもいいんですよ」と太鼓判を押す。

五月初旬—。春の風物詩になっているニンジン掘りの風景も、そろそろ見納めという時期に畑を訪ねると、人参委員会の委員長を務める二村勇市さんが畑仕事に精を出していた。近くには、掘り出したばかりのニンジンがズラリ。肌はツヤツヤして、オレンジ色が目にまぶしいほど。ふわっとして繊細な葉は、切るのが惜しいほどみずみずしい。

「ちょっと抜いてみてごらん」と促され、ニンジン掘りに挑戦してみた。ほんの少し力を入れるだけで、スルスルッとおもしろいほど簡単に抜ける。掘り立ては表面がしっとりと冷たく、見た目よりずっしり重い。水分が豊富で旨味が凝縮されている証拠だ。

二村さんをはじめ同委員会には三十七戸が加入。試行錯誤の末、栽培技術の統一を図り、安心して食べられるニンジンを目指して全員エコファーマーの資格を取得した。

普通のニンジンは芯が白っぽく、その部分は味が薄いが、ハニーキャロットは芯まで色が濃い。「糖度はトマトより高いから、食べるなら生が一番！」と杉浦さん。スティック状か、細切りにしてサラダで食べるのがおいしい。また、贅沢に丸ごと二本を使って作るフレッシュジュースは、まさに絶品！

皮付きのまま、水や果汁を一切入れずにそのままジューサーへ。出来あがったキャロットジュースは、ニンジンだけで作ったとは思えないほど甘く濃厚で、後をひくおいしさ。

問い合わせ
JAミナクル市大城店
TEL.0537（72）3146

写真右／砂地に育つ春ニンジン「ハニーキャロット」。3月末頃から5月中旬頃までが食べ頃。
写真左／フレンチドレッシングで和えるシンプルなサラダのほか、スープ、ゼリーにしてもおいしい。

セルリー

古代ギリシャ・ローマ時代には、薬や香料として珍重され、貨幣にも描かれていたセルリー。日本に野菜として入ってきたのは江戸時代で、オランダ人が長崎に伝えたことから、日本名は「オランダみつば」と言いますが、十六世紀に加藤清正が日本に持ち帰ったことから「清正人参」という別名も。シャキッと水分が豊富でいかにも夏野菜のイメージですが、実は冬の野菜。涼しい気候を好むため、夏から秋は長野産、そして冬から春にかけての冬作は、浜松産が全国シェアの約七割を占めています。浜松産はみずみずしくて肉厚、甘味があって食感が良い優れもの。日本では「コーネルセロリ」というくせがない品種が日本人の嗜好に合うことから一般的ですが、最近はもっと強い香りを求める声に応え、葉や茎の緑が濃い「グリーンセロリ」も登場しています。

※見立て・栄養等は111ページ

野菜の四川風漬け物
～泡《ボゥ》菜《ツァイ》～

いろいろな野菜を乳酸発酵させた
「中華風ピクルス」

Recipe
華市

[材料(つくりやすい分量)]

《漬け汁》

- 水…4ℓ
- 黒砂糖…大さじ3
- 塩…大さじ5～6
- ねぎ…1/2本
- しょうが…1/2個
- 花椒…大さじ1
- 朝天椒…20個
- 青唐辛子(生)…10個
- にんにく…1片
- 白酒
(なければ紹興酒)…300cc
- 粒こしょう…20粒
- 八角…3個

《漬け野菜》

- キャベツ、人参、セルリー、にんにくの芽、パプリカ、金針菜など…適量

[作り方]

1 漬け汁を作る。水を沸騰させ黒砂糖を溶かした後、塩を加え冷ます。きれいに洗って消毒した容器に、すべての材料を入れて漬け汁を流し込む。

2 野菜はすべて一口大に切りそろえ、形を整え、半日くらい陰干しして水気を切る。

3 1に2を入れ、常に漬け汁が野菜にかぶるように表面をならし、ラップをかぶせて密封、暗い場所におき常温で自然発酵させる。夏は3～4日、冬は7～8日で発酵し乳化し始めるのでその後2～3日が食べ頃。

《Advice》金気や油分で汁が腐る事があるので注意しましょう。漬け汁を別に作って常に補充すればずっと使えます。継ぎ足して漬け込む場合は、キャベツ1/2の野菜に対し塩大さじ1杯が目安です。

漬け汁が乳化した状態

Recipe
寿し半

セルリーと蟹と生湯葉のサラダ仕立て

さわやかな“シャキシャキ”セルリーを
人気の特製ドレッシングで

[材料4人分(1人2本分)]

- セルリー…1本
- 蟹足身…8本
- 生湯葉(引き上げ)…8枚
- オクラ…2本
- 赤・黄パプリカ…各1/4個
- 塩昆布(みじん切り)…少々

[作り方]

1. セルリーを長さ7〜8cm、厚さ5mmの細長いスティック状に切って、塩昆布をまぶす。
2. オクラ、赤・黄パプリカも同様にスティック状に切って塩昆布をまぶす(写真)。
3. 広げた生湯葉の上にセルリーと蟹、スティック野菜を芯になるようにのせて、生湯葉で巻く。特製ドレッシングをかけて出来上がり。

《寿し半特製ドレッシングの作り方》

[材料]

- トマト(湯むきして種を除いたもの)…大1/2個
- 玉ねぎ(みじん切り)…1/4個 ◆にんにく(みじん切り)…1片
- 紅花油…700cc ◆酢…200cc ◆しょうゆ…150cc
- 砂糖…80g ◆塩、こしょう…少々

[作り方]

1. トマトは塩、こしょうで下味を付けて、ミキサーに入れる。
2. ミキサーを回しながら紅花油400ccを少しずつ加える。さらに回しながら少しずつ酢を加えていき、残りの紅花油を入れる。
3. しょうゆを弱火にかけて砂糖を煮溶かし、粗熱を取る。2の中に少しずつ加えて完成。冷蔵庫で1カ月くらい保存可能です。

砂糖えんどう

古代エジプトのツタンカーメン王の墓を発掘した時に、副葬品の中から豆が発見されたことや、ギリシャ時代にはすでに栽培されていたことから「最古の野菜」とも言われるえんどう。食用にする部分の違いから、大きく三つのタイプに分けられます。絹さやのように薄い方が良いとされ、豆が小さなうちに収穫して主にサヤを食べるタイプと、スナップえんどうのように、豆とサヤの両方を食べるタイプ、そしてグリーンピースやそら豆のように、中の豆だけを食べるタイプです。砂糖えんどうは二番目のタイプに属し、甘さが際立っていることから「砂糖」を冠した名前になったそうです。みずみずしく歯切れのよいサヤに、まろやかな甘味がたっぷり詰まった、春からの贈り物のような野菜。湖西地区の砂糖えんどうは、市場での評判も良く、全国でも屈指の産地として知られています。

※見立て・栄養等は112ページ

砂糖えんどうの味噌汁

食卓に春を告げる
旬の食材が顔をのぞかせた味噌汁

[材料4人分]

- 砂糖えんどう…100g
- 木綿豆腐…1/2丁
- わかめ…30g
- たけのこ（下ゆでしたもの）…中1本
- 信州白粒味噌…適量
- かつおだし…1ℓ

[作り方]

1. 砂糖えんどうは筋を取り、軽く下ゆでしておく。
2. だしを沸かして、お好みの大きさに切ったたけのこを入れる。
3. 味噌を溶き、味を調えて、わかめ、2cm角くらいに切った豆腐、1を入れて味を調え、お椀に盛る。

《Advice》旬の時期が重なる砂糖えんどうとたけのこは、味噌汁の具にしても相性がとてもいい組み合わせ。青みの野菜には辛口の信州白粒味噌を。野菜の甘味を引き立ててくれます。

Recipe

華市

砂糖えんどうの和え物2種

コンデンスミルクを加えたマヨネーズ風味と
体を元気にする黒酢風味のフリット

マヨネーズソース和え

[材料4人分]

- 砂糖えんどう…8本
- 金針菜…7本
- プチトマト…3個
- ラズベリー・ブルーベリー（飾り用）…少量
- ゆで卵の黄身…1個分

Ⓐ
- 瓶入り輸入マヨネーズ（できればターキーズ製）…大さじ1/2
- 普通のマヨネーズ…大さじ1
- コンデンスミルク…小さじ1/2
- ジン酒、ターメリック、レモン汁…少々
- 生クリーム…大さじ1/2

[作り方]

1. たっぷり沸いた湯に塩、油（分量外）を少々入れて、砂糖えんどうと金針菜をそれぞれ歯ごたえが残る程度に湯通しする。
2. Ⓐを混ぜ合わせた所に1を加えて和え、器に盛る。彩りにラズベリーとブルーベリーを散らし、ゆで卵の黄身を裏ごししてかける。

黒酢ソース和え

[材料4人分]

- 砂糖えんどう…3本
- みつ葉、マーシェ、水菜、ベビーリーフ…適量
- ねぎ、赤・黄パプリカの糸切り…適量
- 片栗粉…適量

《フリッターの衣》
- 小麦粉…1/2カップ
- 片栗粉…大さじ3
- 卵白…1個分
- ベーキングパウダー…小さじ1
- 水…1/2カップ

Ⓐ
- 鎮江香酢（黒酢）…40cc
- 酢…10cc
- ライムジュース…15cc
- 砂糖…75g
- 紹興酒…20cc
- 醤油…20cc
- 酢…20cc
- 水…100cc
- 塩、五香粉…小さじ1/2

[作り方]

1. 砂糖えんどうは筋を取り、食べやすい大きさに切って軽く湯通しする。片栗粉をまぶしてフリッターの衣（写真）を付けて低温の油から揚げる。うっすらキツネ色になったら火を強火にし、カリッと揚げて油を切っておく。
2. みつ葉、マーシェ、水菜、ベビーリーフは適当な大きさに切って水洗いし、よく水気を 切って皿に敷く。
3. Ⓐを合わせて沸騰させ、水溶き片栗粉（分量外・小さじ2）でとろみを付けて、ごま油（分量外・小さじ2）で香り付けして1を合わせ皿に盛る。白髪ねぎ、パプリカをあしらい、完成。

チンゲン菜

チンゲン菜は、中国・華中地方を原産地とするアブラナ科の野菜。白菜の仲間ですが、茎が淡い緑色で葉も青々と美しいことから「青梗菜《ちんげんさい》」という名前になりました。いまや食卓ですっかりおなじみの、最もポピュラーな中国野菜ですが、日本に定着したのは意外と最近のことで、一九七二年の日中国交正常化以降だそうです。県内では浜松と豊田町周辺が、全国でも一、二を争うチンゲン菜の大産地で年間を通して出荷されています。静岡県産はほのかに甘く、シャキシャキとした歯切れが良いのが特徴。葉は生き生きとして色が濃く、火を通すと一層緑色がきれいになるので、炒め物や煮物が美しく仕上がるのも、主婦にはうれしい野菜です。和風のお浸しや漬け物にもよく、白菜よりも甘味があるので、生でサラダにしてもおいしくいただけます。

※見立て・栄養等は113ページ

チンゲン菜の手鞠寿し ごま味噌がけ

あざやかな緑色をまとった可愛らしいお寿し
おもてなしのシーンも華やかに演出

[材料4人分]

- チンゲン菜…2束
- 寿し飯…2合
（炊き立ての米2合に対し酢80cc、砂糖30cc、塩5gの寿し酢を混ぜる）
- かつおだし…400cc
- 薄口しょうゆ…40cc
- みりん…40cc

《ごま味噌》
赤味噌20g、煎りごま10g、当たりごま50g、煮切りみりん50ccをすり鉢で混ぜ合わせる。

[作り方]

1 チンゲン菜を1枚ずつはがしてから熱湯で30秒くらいゆで、氷水に落として鮮やかな緑色を出しておく。
2 鍋にかつおだし、しょうゆ、みりんを入れ、ひと煮立ちさせる。
3 温かい2の中に1を入れて鍋のまま冷まし、お浸しにする。
4 3のチンゲン菜が冷めたら、だし汁から上げて布巾で水気を取る。
5 ラップに4のチンゲン菜、寿し飯をのせて茶巾に絞る（写真）。皿に並べ、上からごま味噌をかけていただく。

《Advice》茶巾絞りにはラップを使えば、手を汚すことなく丸い形が上手に作れます。

四川風
チンゲン菜の炒め

深みのあるピリ辛味が食欲をそそる
チンゲン菜のシャキシャキ炒め

Recipe
華市

［材料4人分］
- チンゲン菜…2束
- エリンギ茸…大1本
- なす…1/4個
- 赤・黄パプリカ…各1/4個
- にんにく…1片
- ねぎ…1cm
- しょうが…少々
- 豆苗…適量
- 朝天椒（四川産唐辛子）…3本
- 花椒…小さじ1/2
- Ⓐ料理酒…大さじ1
- Ⓐ水塩※…小さじ1
- Ⓐしょうゆ…小さじ1/2
- Ⓐチキンパウダー…少々
- Ⓐごま油…少々

朝天椒と花椒

［作り方］

1. チンゲン菜は3cm幅に切る。エリンギ茸は手で割き、なすとパプリカは角切りにしておく。豆苗は軽く洗って水気を切る。
2. ねぎは小口切り、にんにく、しょうがは薄切りにする。
3. 朝天椒を低温の油でゆっくり炒め、色付いてきたら花椒を加える。油に香りがうつったら両方取り出し、包丁で刻んでおく。
4. なす、エリンギ茸、チンゲン菜、パプリカの順に180℃くらいの油にさっと油通しする。
5. 中華鍋に2を入れて加熱し、3を加える。豆苗を加えて軽く炒め、4を入れる。Ⓐで味付けし、仕上げにごま油で香りを付けて、お皿に盛り付ける。

※ 200ccの水に天然塩50gを入れ、一度沸騰させて冷ましたもの。炒め物に塩味を均等にむらなく付けることができます。

こだわりVegetable

大谷の四葉きゅうり

静岡・清水限定、きゅうりの名品
これぞ、正真正銘の地場野菜！

Suuyou Kyuuri

漬け物に最高
食味に優れた
華北系の品種

「静岡・清水の衆は、おいしいきゅうりの味を、よく知っている」――。市場ではこんな風に言われているのを当地の人は知っているだろうか。

夏――。暑さが本番を迎えると、よく冷えたきゅうりは何よりおいしい。パリッとした歯切れの良さと、さわやかな味わいが、涼をもたらす人気の夏野菜だ。

きゅうりは、表面に白い粉（ブルーム）がある「ブルームきゅうり」と粉がない「ブルームレスきゅうり」の二つに分かれる。この粉は水分の蒸発を防ぐためにきゅうりが自ら出すもので、新鮮さの証。しかし八十年代、農薬と勘違いされやすく見栄えが悪いことや、皮が柔らかくて輸送に不向きなことから、ブルームきゅうりは全国の市場から姿を消した。代わりに皮が厚く、日持ちするブルームレスきゅうりが登場し、今では市場の九割を占める。

ところが！である。静岡・大谷地区だけは、そんな風潮をよそにブルームきゅうりの中でも名品とされる「四葉（スーヨー）きゅうり」を作り続け、おもに地元周辺や清水で食べ継がれてきた。

理由は一つ。おいしいからである。チリメンのようにしわがあり、イボだらけ。確かに見た目は悪いけど、さわやかな香気と歯切れは抜群。生はもちろん、漬け物にすると味が良くしみておいしい。

駿河湾を望む大谷では、約五十年前からハウス栽培が始まり、今では周年栽培が主流。大谷きゅうり研究会会長の大村敬一さんは、この道四十年のベテラン。それでも「害虫や病気に弱いのが悩みの種。だから発芽して十日後には病気に強いカボチャの台木に接ぎ木するんだけど、それも技術がいるしね。何年やっても難しいよ」と話す。

ハウスには収穫を待つばかりの四葉が実る。よく見ると小さなとげがびっしりと生え、触ると痛いほど。呼吸をコントロールするとげが脱け落ちると鮮度落ちが早まる。それゆえ、広範囲への流通には不向きなのだ。

しかし最近は、本来のおいしさを求め、ブルームきゅうりを見直す声が出ているらしい。四葉きゅうり、復活なるか？

問い合わせ
静岡市南部営農経済センター
TEL.054（237）5580

大村敬一さん

赤ちゃんきゅうりが成長中

大谷地区では約20軒が四葉きゅうりの一品種「夏さんご」を栽培

レタス

淡い緑のみずみずしい葉が、ぱりぱりっとした食感を生むレタス。その食べやすさからサラダには欠かせない存在です。ところでレタスという言葉、実は戦後に使われ始めた英語名で、それ以前は和名で「チシャ」と(乳草)と呼んでいました。英語のｌｅｔｔｕｃｅはラテン語ｌａｃｔｕｃａに由来し、この語源は「乳」を意味するｌａｃ(ラク)。洋の東西を超えても、ともに乳に関係する名が付いたのは、茎を切った時に白い乳状の液が出るからでしょうか。静岡県の生産量は全国第五位。主に中部から西部で作られています。夏場は長野産が出回りますが、冬場は静岡レタスが全国の食卓へと届きます。結球が進むと苦味が増すので、早採りを心掛けている静岡産は、巻きがふんわりで食感はシャキシャキ。程良い甘味が人気の秘密です。食べ頃を逃さず出荷するところにも、農家の技が生きています。

※見立て・栄養等は１１４ページ

レタスと水菜の じゃこサラダ

みずみずしいレタスとシャキシャキの水菜
じゃことかつお節で栄養バランスもいいサラダ

Recipe
ハシトラ

[材料4人分]
- ◆レタス…1/2個
- ◆水菜…2束
- ◆ちりめんじゃこ…50g
- ◆ごま油…大さじ1
- ◆しょうゆ…小さじ1
- ◆きざみのり…適量
- ◆かつお節…適量
- ◆和風ドレッシング（市販）…適量

[作り方]
1. レタスは一口大に手でちぎっておく。水菜は5cmのざく切りにする。
2. フライパンにごま油を入れ、ちりめんじゃこを炒める。カリカリになったら火を弱め、しょうゆを回し入れて火を止め、冷ましておく。
3. ボウルに1と2、かつお節をひとつかみとお好みの和風ドレッシングをお好みの分量だけ入れ、ざっくりと混ぜ合わせる（写真）。
4. 皿に盛り付け、きざみのりをのせる。

牛肉と根みつ葉の炒め
レタス包み

具を包んで、甜麺醤を添えて・・・
レタスを豪快に、たくさん食べられる

Recipe
盛旺

[材料4人分]

- レタス…1個
- 牛肉（モモ肉のかたまり）…150g
- 根みつ葉…1/2束
- Ⓐ
  - 塩、こしょう…各少々
  - 酒…小さじ2
  - 卵…1個
  - 片栗粉…大さじ1
- Ⓑ
  - しょうゆ…大さじ1
  - 酒…大さじ1/2
  - 砂糖…小さじ1/2
  - オイスターソース…小さじ1
  - こしょう…少々
  - 中華スープ…大さじ1
- 甜麺醤…適量
- ワンタンの皮…3枚

[作り方]

1. レタスは芯を取り（写真）、水を流し込みながら1枚ずつ破れないように剥がす。冷水にしばらくさらしてシャキッとさせたら、水気を切っておく。
2. 牛肉は繊維に沿ってせん切りし、Ⓐで下味をつける。
3. 根みつ葉は食べやすい長さ（3〜4cm）に切る。
4. フライパンに油大さじ2（分量外）を入れ、牛肉を箸でほぐしながら8割くらい火が通るまで炒める。根みつ葉の茎の部分も加えⒷで味を整えたら水溶き片栗粉（分量外・小さじ1）で軽くとろみを付ける。火を止めて根みつ葉の葉の部分を入れ、軽く混ぜ合わせて皿に盛る。ワンタンの皮を3mm幅に切り、油で揚げたものを上に添える。
5. レタスに4をのせ、お好みで甜麺醤を添える。

Sumirena

こだわりVegetable

春野町のすみれ菜

寒暖差のある春野が栽培にぴったり 栄養価たっぷりの葉ものの野菜

美しいすみれ色にパワーを秘めた健康野菜

きれいな空気と水に恵まれ、適度な寒暖の差がある春野町。「すみれの里」として知られるこの地で、新しい名産品にしようと栽培されているのが「すみれ菜」。

名前は生産者が付けたもので、正式には「水前寺菜(すいぜんじな)」。石川県では加賀野菜の一つとして「金時草(きんじそう)」の名で親しまれている。

春野町には、九八年に金沢から持ち込まれ、四年前に本格的な栽培が始まったばかり。現在六軒の生産者が育てている。

同町長蔵寺の早野邦子さんはチンゲン菜づくりの傍ら、夏場は露地、冬場はハウスですみれ菜を作っている生産者の一人。

「セリのようなさわやかな香りがあって、生で食べると少しぬめりがあります。ゆで汁で炊いたご飯に、寿司酢を入れると、鮮やかな紫にぱっと色が変わって、きれいなすみれ菜寿司ができるんですよ」と教えてくれた。

葉は、ゆでて三杯酢で和えたり、お浸しや天ぷらに。茎は炒め物にしてもおいしい。すみれ色を生かした、葛まんじゅうやシャーベット、クレープなどは、優しい雰囲気に食卓を彩る。

栄養面でも優れ、カロテンやビタミンB1、Cなどを多く含み、すみれ色の汁に含まれるフラボノイド色素は、抗酸化作用が期待できる。血圧降下作用があるとされるγ―アミノ酸(GABA)も高い割合で含まれている。旬は四月から十一月。健康パワーいっぱいの、新しい「しずおか野菜」だ。

マグロの和風カルパッチョ すみれ菜添え

【材料】(3~4人分)
マグロのさく(刺身用)小1節、みょうが3個、パプリカ(黄・赤)各1/2個、すみれ菜(若菜)適量、松の実適量
(A)ドレッシング―刺身しょう油大さじ2、ごま油小さじ1、酒小さじ1、砂糖少々、おろしワサビ適量

【作り方】
1 マグロは熱湯にさっとくぐらせる。
2 みょうが・パプリカは細かい千切りにしておく。松の実は鍋で煎って焼き目をつけておく。すみれ菜は若葉の所で切っておく。
3 (A)をボウルに入れ混ぜ合わせる。
4 皿にマグロを薄く切り揃えて並べる。
5 上からみょうが・パプリカ・すみれ菜・松の実を乗せ3のドレッシングをかけて出来上がり。

すみれ菜寿司

【材料】(4~6人分)
米200cc×3カップ、すみれ菜(葉)100g、水660cc、昆布10cm角
(A)―酢90cc・砂糖50g・塩15g、白ごま大さじ3、卵1個、すみれ菜の茎4本、きざみのり少々

【作り方】
1 米は洗っておく。
2 すみれ菜の葉は刻んでさっと湯通しする。
3 1、2、水、昆布(切り目を入れる)を入れて炊く。
4 合わせ酢(A)を作り、3に加えて寿司飯を作り、白ごまを混ぜる。
5 卵で錦糸卵を作る。
6 すみれ菜の茎を色良くゆで皮をむいて斜め切りにする。
7 4を盛り、5、6、きざみのりで飾る。

問い合わせ
JA遠州中央春野事業所
TEL.0539(89)1211

玉ねぎ

涙を流しながら、料理をするお母さんの姿。その様子に驚いて近づいてみたら・・・な～んだ、玉ねぎを切っているだけだった！なんていう幼少の思い出がある人は、案外多いかもしれません。涙を出させた犯人は、刺激成分の硫化アリル。最近よく耳にする「血液さらさら」効果が注目されている成分です。加熱すると甘みがぐ～っと増し、料理のうまみのベースになることから「西洋のかつお節」とも呼ばれる玉ねぎ。皮の色から、黄、白、赤の三つのタイプに分けられます。一番よく出回っているのは黄色で、一般的に玉ねぎと言えば、黄玉ねぎのこと。静岡産では、早春のわずかな時季だけ食べられる浜松・篠原産の黄玉や白玉の新もの（新玉ねぎ）が有名。早採りならではのみずみずしい食感と甘味は、いち早く春を告げる旬の味覚として、全国に知られています。

※見立て・栄養等は115ページ

丸ごと玉ねぎのオーブン焼き

じっくり引き出された玉ねぎの甘さに驚く
優しい味わいのあったかレシピ

Recipe
すぎもと

[作り方]

1 玉ねぎの皮をむき、横半分に切る。切り口を上にして塩を軽く振る。2つ並べてアルミホイルに包み、160℃のオーブンで竹串や楊枝がすーっと通るまで30～40分程度焼く(写真)。

2 オーブンから取り出したら玉ねぎの外側4枚分を残して中心をくり抜く。くり抜いた部分の半分をフードプロセッサーにかけてピュレ状にし、残り半分は包丁で1cm角に切る。

3 生クリームを火にかけ、半量になるまで煮詰める。煮詰まったらピュレにした玉ねぎと1cm角に切った玉ねぎを入れ軽く混ぜ、くりぬいた玉ねぎの中にスプーンで戻し入れる。

4 粉チーズを表面にかけ、200℃のオーブンでチーズにこんがり焼き目が付く程度に10分ほど焼く。器に盛り、お好みでパセリのみじん切りを添える。

[材料4人分]

- 玉ねぎ…2個
- 生クリーム…150cc
- 粉チーズ…20g
- パセリ…少々
- 塩…少々

“とろーり”たまねぎ和のスープ

春を告げる浜松・篠原産の新たまねぎ
口の中でとろける食感が美味

[材料4人分]

- 新たまねぎ（できれば浜松篠原産）…4個
- サーモンの切り身（80g）…2切れ
- かつおだし…920cc
- 薄口しょうゆ…40cc
- みりん…40cc
- 小麦粉、バター…少々

[作り方]

1 タマネギの天地を切り落とし、皮をむく。
2 鍋にかつおだし、しょうゆ、みりんを入れて火にかけ、ひと煮立ちさせる。
3 サーモンの表面に小麦粉をまぶし、バターで焼色が付く程度にソテーする。
4 圧力鍋にタマネギを並べ3を上にのせたところに2を入れ（写真）、しっかり蓋をして火にかけ、中火で約25分加熱する。

《Advice》サーモンは、あらかじめフライパンでソテーしておくことで、生臭みを取ることができます。また、サーモンの代わりに鶏肉を使ってもおいしく出来ます。

さらし玉ねぎとチャーシューの冷製パスタ

スタミナ野菜・玉ねぎとチャーシューがベストマッチ
食いしん坊も満足の夏向きパスタ

Recipe
THE BLUEWATER

[材料2人分]
- 玉ねぎ…1/2個
- チャーシュー…60g
- パスタ(カッペリーニなど細めの麺)…140g
- タバスコ(お好みで)…2～5滴
- オリーブ油…大さじ4
- こしょう…少々
- みつ葉…少々

Ⓐ
- 白しょうゆ…大さじ3
- 濃口しょうゆ…大さじ1
- みりん…大さじ1
- にんにくチップ(揚げたもの)…適量
- こしょう…少々

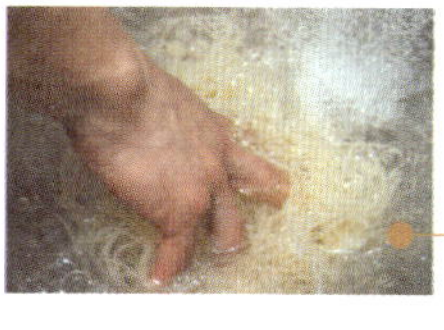

[作り方]

1 玉ねぎはあらかじめ薄切りにし、水に20分程さらし、ザルに上げてからペーパーで水気をしっかり取る。

2 ボウルにⒶの調味料を合わせておく。

3 パスタを表示時間より1分程長くゆで、ゆで上がったら冷水にさらししっかり洗う(写真)。ザルに上げペーパーで水気をしっかり取る。2のボウルに入れて混ぜ合わせて器に盛る。

4 パスタをゆでている間に、チャーシューを棒状に細切りし、玉ねぎを混ぜ合わせ、タバスコ、オリーブ油、こしょうを混ぜ合わせておく。

5 3のパスタの上に4をのせ、彩りにみつ葉を上に飾る。

《Advice》パスタは冷水でしっかり洗って引き締めることで、コシが出て食感が良くなります。

伊豆のワサビ

静岡県が発祥の地
湧水に育つ
日本固有の香辛料

静岡県が全国の産出額の約六割を占め、全国一を誇る静岡産わさび。今から四百年前、静岡市有東木地区の村人が、渓流に自生していたわさびを採集し、湧水地で栽培を始めたのが日本のわさび栽培の発祥とされる。

県内の生産農家は約700軒。その半数以上は、伊豆市の生産者で、天城山系の豊かな自然の恩恵を受けた品質のいいわさび作りに励んでいる。

そして出荷量日本一を誇る生産者が、やはり伊豆にいた。伊豆市湯ヶ島の鈴木丑三さん、七十才。全国わさび生産者協議会の会長を務め、天城でわさび一筋50年という大ベテランだ。

市内の三十か所にわさび田を持つ鈴木さんを訪ね、まず最初に案内されたのは、清流・長野川の脇に作られた巨大なハウス。一見モダンな建築物のようなハウスを覗き込んで、驚いた。

清流を誘い込みたっぷりと水をたたえたわさび畑は、一面の花畑！訪ねた日は三月下旬にも関わらず吐く息が真っ白になるほどの寒さなのに、ハウスの中はかれんな白い花が咲き、春の風景が広がっていた。

「今はまさに花わさびの最盛期なんですよ」と鈴木さん。

つぼみの付いた若い花茎、通称・花わさびは、ほんの短い間しか食べられない早春の味。花と茎を一緒に漬け込む三杯酢漬けは、酸味の中にツンとした辛味がしっかり生

出荷を待つばかりの花わさび

1

2

本わさびでしか味わえない 旨味のある辛さ、香り、粘り

きて、おかずにも酒の肴にもなる一品。この界隈では、各家庭ごとに"わが家の味"がある郷土色の強い料理の一つだ。

水温が一年じゅう十二度から十六度と安定している清流でなければ育たないわさび。静岡以外に長野県や岩手県でも栽培されているが、静岡の伊豆産は最高級品と呼び声が高い。

まっすぐ力強く伸びた茎、青々とした丸い葉。その株元に目をやると、形はごつごつして荒々しいものの、色はとても上品な緑色をしたわさびが実っている。

「根茎と呼ばれるこの胴体の部分。この色が鮮やかで濃いほど、辛くて風味がいいわさびです。こういうわさびがなる株を選び出し、そこから種を採るのが、一番難しいけどやりがいがある仕事。種から育てる実生（みしょう）栽培を三十年前からやっているけど、そうやって育てたわさびは、生命力があって病気にも強いんですよ」。

良品とされるわさびは、緑色がきれいで、葉痕と呼ばれる丸いポツポツの間隔が均一に、らせんを描くように並んでいる。この数が多く、詰まっているほど、実が堅く締まっていて、辛味と風味がしっかりした、良質のわさびなのだそうだ。

おいしく食べるコツを聞いた。茎付きで手に入ったら、茎と根茎をまず切り離し、茎の付け根側からすりおろして使ってほしい、と話すのは、三女の理映子さん。

「澄んだ流水で育つわさびは、溜まり水を嫌います。水に漬けて保存するより、キッチンペーパーで軽く包んで冷蔵庫で保存すれば、一カ月くらいは辛味も風味も持ちますよ」と上手な保存法を教えてくれた。

おろす時は銅板か鮫皮のおろし道具で。

「わさびは笑いながらすれ」と言われるように、力まずゆっくりと、空気に触れるようにすると粘りが出て辛味も増す。炊き立てのご飯にすりたてのわさびをちょんとのせて、上からしょうゆを垂らすのが最高。

出荷のピークは年末から正月にかけて。お正月ぐらいは本わさびを食卓に、という家庭が多いからなのだそうだ。

問い合わせ
鈴木丑三さん
TEL.0558（85）0700
天城わさびの里
TEL.0558（85）0999

写真1／鈴木丑三さん、久恵さん夫妻と、三女の理映子さん。冷水に浸かった作業も苦にならないほど、「わさび栽培は楽しい！」と笑う仲良し親子。
写真2／わさびはアブラナ科の植物。花は菜の花に良く似ている。
写真3／25段もの階段状に作られたわさび田。
写真4／わさびの種。品種を自分で作り上げられるのは、農家であり種苗家でもある鈴木さんの醍醐味。

旬菜人

芝川町
松木一浩さん

フレンチの世界から旬野菜の魅力を伝える「農民《ペイザン》」に転身

年間に70種類の無農薬有機野菜づくり

五月――。山あいに切り開かれた棚田で、田植えに励むお百姓さんの姿が見られる芝川町。のどかな風景が広がるこの地で、一風変わった様相を見せる野菜畑がある。

その持ち主は松木一浩さん、四十一歳。芝川町で無農薬有機栽培の野菜を作り始めて四年目になる。

訪ねると、カジュアルなTシャツ姿の首元に日本手ぬぐいを巻き付け、麦わら帽子をかぶった松木さんが現れた。

「まずいくつかの畑に案内しますよ」。トラックの荷台にあっという間に野菜かごを積み込んで、早速畑に向かうことに。

現在、松木さんの畑は町内の十カ所に点在、合計五千四百坪に、和洋さまざまな野菜を少しずつ育てている。一年間に作る種類は、なんと七十から八十にものぼる。

「自分が食べたいものをアレもコレも、と言っているうちにどんどん増えちゃって…。基本的に食いしん坊なんです(笑)。でも少量多品目の栽培は、不作の時に大きなダメージを避ける知恵でもあるんです」。

野の花が道端に咲く田舎道を走ると、広々としたじゃがいも畑に到着。

「ここでは三種類のじゃがいもを育てているんですよ。手前が『レッドム

ーン』で、この辺は『インカの目覚め』、そして向こう側は『北あかり』です」。

じゃがいもなのに、レッドにインカ? 聞いたこともない名前にとまどっていると「収穫には一カ月ほど早いけど…」と言いながら、苗を一本抜いてくれた。すると真っ黒い土の中から鮮やかなピンク色をしたじゃがいもがコロコロと現れた。皮の下はレモンイエロー色だという。「インカの目覚め」も抜いてみると、赤ちゃん芋がたくさん育っていた。

「この品種は小ぶりで収量が少ない上に、病気に弱い。種芋も普通よりだいぶ高いんだけど、実にうまいんです。ねっとりして栗のような甘さがあって、他のじゃがいもでは味わえない味なんですよ」。

「富士山麓で、力強い野菜を作っている人がいる――」。当初は県内より、都内のレストラン関係者の間で、その存在が注目され始めた松木さん。

実は、農業を始める前はグラン・メゾンと呼ばれる最も格式の高いフレンチレストランの一つ、かの「タイユバン・ロブション」(東京・恵比寿)で、サービスの仕事を一手に担うプルミエ・メートル・ドテル(総給仕長)とし

赤いリーフレタスと雑草がひしめくレタス畑

珍しい黄、白のにんじんはフランスの種

て活躍していた。

長崎県生まれ。東京などのホテルに勤務した後、九十年に妻の以左子さんとフランスへ。二年ほどパリの日航ホテルで働いている間は、バカンスや週末になると田舎に足を延ばし、三ツ星レストランを食べ歩いた。

「フランスでの経験がなかったら、今の自分はない。でも当時はまさか自分が野菜を作ることになるとは夢にも思わなかった」と笑う。しかしフランスで食べた、力強い野菜の味は忘れられなかった。

帰国後、銀座のフランス料理店の支配人を経て、タイユバン・ロブションに。仕事は、やりがいもあり充実していたが、松木さんいわく、レストランは「非現実の世界」。昼間は太陽を浴びて畑に向き合い、夜は家で家族と団欒する――。そんな素朴な田舎暮らしと、農業への思いが、いつしか膨らんでいったという。

結局、華やかで名誉ある地位をあっさりと捨て、転身を決意。栃木県にある有機農法のスパルタ農業塾「帰農志塾」でノウハウを学んだ後、平成十二年に芝川町に移り住んだ。

次に案内されたのは、葉もの野菜の畑。小松菜、水菜、ルッコラ、マスタードサラダ、ラディッシュ、かぶ……。色々な葉野菜が、雑草とせめぎ合うようにして生えている。一目で「この畑、ちょっと違うぞ」という雰囲気……。

一般的に畑と言えば、作物が整然と列をなして植えられる。そして雑草が生えれば農家はそれを取り除く「手入れ」を怠らないし、しぶとい雑草には除草剤を撒くことだってある。

でも松木さんは、よほど作物に悪影響がなければ雑草を邪魔者扱いしない。だから、オオイヌノフグリやハコベが野菜のすぐ脇で花まで咲かせている。

「野菜が雑草に負けてなければ、取る必要がないと思っているだけ。雑草は害虫だけでなく益虫の住み家にもなるし、生物の多様性を保つには、あった方がいいのかなと。それに草一つ生えてない畑のほうが、自然から見たら普通じゃないでしょう」。

害虫退治にも益虫を使うのが松木さんの目指す農業のスタイル。もし害虫に五割やられても、自然が与えてくれた残りの五割を感謝していただくようにしているという。

作り手だからこそ知っている
おいしい食べ方を提案したい。

「これ、生で食べてみてください」。

ふっくらとしたサヤを割って差し出されたそら豆を、一粒食べてみた。

生でみずみずしさを味わうラディッシュ。収穫物はいつも竹かごの中に。

有機栽培の要はやっぱり土。生ごみやコーヒーかすで自ら作る

生命力あふれる畑には、いろいろな生き物の姿が

サヤが空を向いているからそら豆。サヤが下がったら食べ頃

その甘さと言ったら！ 生とは思えないほど柔らかく甘く、香りが強い。

肥料や資材まで、土に還るものにこだわり、のびのびと育てられた元気な野菜。きっと汁までおいしいのだろう。丸々太ったアブラムシがそら豆の茎にびっしりと群がり、そのアブラムシ目当てに、てんとう虫が飛んできては、せわしなく動き回っている。松木さんの畑はどれもにぎやかな生命の営みにあふれていた。

「規格に合う『商品』ではなく、『おいしい野菜』を作りたい。自給自足できて、その上で、旬に正直な野菜を求める人や、シェフの顔が見える小さなレストランに、僕が作る野菜を喜んでもらえたら――」。

松木さんが契約しているレストランは、県内と東京で合わせて10軒ほど。一般家庭向けには、旬の野菜の詰め合わせを販売している。

「シェフとは畑の様子を見ながら、来週は○○が採れるよ、と頻繁に連絡を取り合います。だからどんな料理になって出されるか想像できるんです」。

成長途中の小さなにんじんやかぶ、間引き菜などを使った料理を提案できるのも、野菜を知り尽くした農家であり、フランス料理に通じている松木さんならではの強味。

富士の雪解け水のせせらぎが、たえず聞こえる自然豊かな地で、「しずおか育ち」の力強い野菜を発信し続ける貴重な生産者。名刺の肩書きに、あえて「農民」と刷り込む姿勢に誇りを感じさせるこの人の存在は、今後も目が離せない。

「ビオファームまつき」の無農薬有機野菜

季節の野菜が約10種類入って2500円（送料・消費税込）。夏季は鮮度保持のためクール代がプラスされる。到着日などの詳細、申し込みはホームページへ。野菜は、毎週金曜日に静岡市古庄の「おだまき米店」でも販売している。

ビオファームまつき
静岡県富士郡芝川町上柚野232
http://www2.odn.ne.jp/bio/

見た目はちょっと不恰好でも甘さはバツグンの白首大根

蒸し煮にすると甘みが出ておいしいカブ

今、畑で採ってきたばかりの野菜を味わう贅沢

松木さん夫妻流のシンプルなレシピ

「旬の時期には、毎日のように同じ野菜が食卓にのぼるでしょう。
だから、飽きないように食べ方にも工夫が必要になって、
自然とバリエーションが増えて…」―そう話す松木さんの野菜料理は、
簡単なのに、洗練された雰囲気をあわせ持つ。
滋味あふれる根菜の炊き合わせから、フレンチの香り漂う小粋なサラダまで、
どれも野菜の持ち味を存分に引き出して、味付けも優しい料理ばかり・・・。

◎大根と大豆の炊き合わせ

［材料］大豆（乾燥）100g、豚バラ肉350g、大根1本、砂糖大さじ1、酒大さじ2、みりん大さじ2、しょう油大さじ3、セリ少々（飾り用）

［作り方］①大豆は一晩水につけ柔らかく煮ておく（後で豚バラと大根と煮込むので、あまり柔らかくしすぎない）。②豚バラ肉は約1.5cmに切ってフライパンで焦げ目が付く程度に焼き（この時出た油は捨てる）、大豆と一緒にひたひたの水で約1時間煮る。③大根は皮をむき約1.5cm位の輪切りにして入れ、ある程度柔らかくなったら砂糖、酒、みりんを入れ15分ほど煮て、しょう油を加えて煮詰める。器に盛りセリを飾る。

◎そら豆の南仏風サラダ

［材料］蚕豆800g（サヤ付き）、レモン汁1/2個分、エクストラバージンオリーブ油大さじ3、塩・こしょう少々、アンチョビフィレ2枚、ドライトマト1個、パン粉1/2カップ、ニンニク1片、イタリアンパセリ5枚

［作り方］①そら豆は3分ほど固ゆでし、薄皮をむいて冷ましておく。ドライトマトは湯で戻し、アンチョビフィレとともに刻んでおく。②ニンニクとイタリアンパセリはみじん切りにし、パン粉と合わせる。フライパンに薄くオリーブ油を引いて軽く焦げ目がつくまで炒っておく。③ボウルにレモン汁、オリーブ油を入れて混ぜ、1を加えた後に、2も合わせる。④塩、こしょうして器に盛り付ける。

◎新じゃがいも（インカの目覚め）とセージの素揚げ

［材料］小ぶりの新じゃがいも400g、セージの葉10枚程度、塩小さじ1/2（あればフルール・ド・セルというフランスの自然塩）少々、揚げ用の菜種油適量

［作り方］①じゃがいもは皮付きのまま半分に切る。②中低温（約160度）の菜種油でじっくりと素揚げする（5～7分）。③ボウルに移し塩を振って混ぜ、器に盛り付けたら、フルール・ド・セルを散らし、揚げたセージの葉を飾る。

旬菜人

伊豆市地蔵堂
羅漢窯・加藤千博さん、敦子さん夫妻

旬を愛でる食卓

日常の喧騒から解き放たれ、
ゆったりとした時の流れに身をゆだねる。
舞台は築百五十年の古民家。
趣のある静かな佇まいで、
四季の美しさへの感動と歓びが
映し出された食卓を囲む。
手間を惜しまない美しい料理。
料理を表情豊かに引き立てる器の数々──。
伊豆市地蔵堂の羅漢窯。
ここには、その土地だからこそ味わえる
極上の贅沢に浸る
特別な時間が流れている。

大人の遊び心に彩られた、「器」と「料理」を楽しむ空間

さらりとした麻の暖簾をくぐり、古びた引き戸を開けると、そこには趣のある空間が広がっていた。

伊豆市地蔵堂の「羅漢窯」。ここは陶芸家・加藤千博さんと、妻の敦子さんの住居兼ギャラリー。天井の太い梁とアンティークの灯りが独特の雰囲気を醸し出す土間スペースには、さり気なく器が置かれている。土間に続く畳の間には、囲炉裏があり、ゆったりと流れる時を演出する―。築百五十年というこの古民家で、二人は年に数回、「器と料理を楽しむ会」を開く。千博さんが作る多彩な器と、地元の食材を盛り込んだ敦子さんの手料理で、訪れる人の身も心も、もてなしてくれる贅沢な食宴だ。

「伊豆にはおいしい食べ物がたくさんある。そう聞いたから、伊豆に窯を開いたんですよ」と話す千博さんは、愛知県生まれ。器好きな祖母が集めていた著名な陶芸作家の作品が、事もなげに暮らしの中にある―。そんな家に生まれ育ち、美術が好きだった千博さんは、常滑で窯業を学んだ。その後、瀬戸での修行を経て、メキシコに陶磁器の技術指導のため赴任。八年間の滞在中に、かの地で敦子さんと出会い、二人の子どもにも恵まれて、十四年前に帰国した。

和の空間なのに、どこか無国籍な雰囲気が漂うのは、所々に置かれたメキシコの家具や版画、そして千博さんの自由な作風のせいだとわかった。

燻し銀の鈍い光を放つ銀彩、異国の澄んだ青空を切り取ったような青釉。そして織部、黄瀬戸、粉引、赤絵など…。同じ人が作ったとは思えない表情豊かな器には、丹念な手仕事が光る。それでいて、今すぐ使いたくなるようなものばかり。

「料理と器の相性を見てほしいから、食べ物が盛られた時のことを想像しながら作っているんですよ」という言葉にも納得できる。

器が料理をおいしそうに演出し、料理もまた、器の魅力を引き出す。そんな共同作業も「自然のなり行きで始まったんです」と話す敦子さんもまた、料理専門誌「四季の味」で紹介されたこともあるほどの、卓越したセンスの持ち主。

中伊豆のわさび、椎茸、たけのこ、猪の肉、川魚、そして畑でとれる野菜…。「一歩外に出れば食材の宝庫だからね」と千博さんが笑うように、二人の食材探しは野に山に、川の中へと、とどまる所を知らない。地元の恵みを思う存分、創作に生かしている。

「ここで過ごすゆったりとした時の流れも、訪れる人にとってご馳走になれば。暮らしぶりを見てもらえば、器と料理が生まれた背景もわかってもらえると思うんです」と千博さん。

特にここに居を移して以来、日本独特の季節感や地元の食材の素晴らしさに、敏感に心が動くようになったという。

「家の周りにはきれいな小川が流れ、雑木林もすぐ近く。春にはマメザクラが咲き、夏は清流でホタル火を楽しめます。そんな伊豆の自然を見て、『あ、素敵な風景だな』と感じたものを料理に表現したいと思っているんです」と微笑む敦子さんの料理は、野趣あふれるものから、惜しみなく注がれた手間を感じる懐石風のものまで、どの料理にも「旬」を感じる。

この日、地元でとれた花わさびの束から、形の良い葉と花を選びながら、「ねっ、こんな風にすると、まるでブーケのようで素敵ね」と言いながら、敦子さんがあっという間に清楚な花束を作ってしまった。

伸びやかな感性の二人が紡ぎ出す大人の空間は、自然への憧れと感謝にあふれていた。

伊豆の風景を映し出す料理と器たち

深秋のおもてなし

先附　あん肝蕪柚香焼き　器・緑釉皿
麦ぎ　海老芋麺　器・粉引椀
前菜　菊花砧巻き
深山八幡巻き
蜜柑玉子蕎麦いちょう
さつま芋箕揚げ
もって菊零金子石垣寄　器・焼締皿
お造り　季節の魚
器・アメ釉織部まな板皿
椀物　冬瓜そぼろあん仕立て
器・漆山本進也作
酢の物　大根柿山くるみ和え
器・織部小まな板皿
焼き物　地鶏椎茸奉書焼
器・粉引丸皿
蒸し物　百合根饅頭　器・炭化鉢
揚げ物　煎餅揚げ
白身魚二種
ヤーコン赤ピーマン
器・織部四方高付
御飯　おっぺしゃ寿司
もくず味噌汁　器・楕円皿
水菓子　柚子アイス　器・アメ釉片口
紅茶
菓子　カステラ　器・銀彩四方皿

芽吹く春を
粉引《こひき》の片口に盛る

伊豆のわさびを使った加藤敦子さんの一品

清流で育った地元の花わさびを使って、敦子さんが作った料理は、
春の芽吹きをイメージした鉢物。裏山でとれた肉厚な椎茸と、
畑で育った菜の花を、わさびの茎とマリネに—。
上品な白い粉引の器に盛り付けた。茶色い大地を椎茸に、萌え出づる春を
白と黄色の花に重ね合わせた、力強くも繊細な一品。

◎花わさびと干し椎茸の和風マリネ（4人分）

［材料］干し椎茸（小）10個、花わさび100g、Ⓐマリネ液（椎茸の戻し汁2カップ、淡口しょう油1/4カップ、千鳥酢または穀物酢1/4カップ、みりん大さじ2を混ぜ合わせ、ひと煮立ちさせたもの）

［作り方］①花わさびは4cmくらいの適当な長さに切って、熱い湯を回しかける。ザルに上げ、軽く塩をふってもみ、しばらくそのまま置いておく。②アクが出たところで軽くしぼり、Ⓐの汁につける。③干し椎茸はじっくり戻し、軽く水を切ったら、太白胡麻油大さじ1くらいで炒め、熱いうちにⒶの汁に加える。④花わさびの香りが飛ばないように、密封容器かビンに入れ、きっちりと蓋をしておく。半日から1日、冷蔵庫で寝かせて味がしみこんだら出来上がり。彩りに菜の花の穂先をさっと塩ゆでしたものを添える。

「器と料理の会」のご案内

羅漢窯では、毎年春と秋に「器と料理の会」を開いている。千博さんの新作の陶芸作品と、その器に合わせて敦子さんが創作する手料理を堪能するこの会は、工房での器作り体験も付いて一人12,000円（予約制／税込）。また、一日一組限定の「昼の膳」、「夜の膳」も好評（12品程度で一人8,400円／税込）。伊豆箱根鉄道修善寺駅から循環バスで地蔵堂下車、徒歩1分。住所／静岡県伊豆市地蔵堂299の2　電話／0558(83)0529

【知っておきたい野菜の知識】

おいしい野菜選びのポイント・保存法・栄養のはなし etc・・・

← Vegetable Memo

野菜のプロに聞く「おいしい野菜生活」のこつ

皆さん、野菜はお好きですか？

野菜ブーム、健康ブームと言われる昨今、あふれる情報に、何をどのように食べればよいのか、迷ってしまうこともあると思います。

そして、高まりつつある安心、安全への要望。

野菜を選ぶ基準はいろいろですが、最初に思い出してほしいことは、「野菜は食べ物」であるということです。素直に、「おいしそうだな」と思える新鮮な野菜を手に入れる。これが、「おいしい野菜生活」の第一歩です。

四季のはっきりした日本に住む私たちにとって、季節感というのは大切にしたい文化です。もともと「旬」とは、露地で最も収穫できる時期を指す言葉ですが、最近は「第2の旬」という考え方も出てきました。品種改良や栽培技術の発達により、今までの旬とは違う時期にも、おいしい時期を迎える野菜が登場しているのです。

また、予冷技術や包装材の進歩のおかげで、新鮮なまま広範囲に輸送できるようになり、同じ野菜でも産地や収穫時期の違いを「産地リレー」で楽しめるようになりました。香りや歯応えなどの違いを、遊び心を持って、食べ比べてみるのもおすすめです。

広くて深い野菜の世界。おいしいものを選ぶコツややむを得ず保存する場合のコツなど、ほんの少し覚えておくだけで、野菜とのお付き合いが変わり、毎日の食生活がずっと楽しくなるはずです。

さあ、あなたも今日から「おいしい野菜生活」始めましょう。

ベジタブル＆フルーツマイスター
遠山 由美さん

日本ベジタブル＆フルーツマイスター協会が認定する全国で16人しかいないベジタブル＆フルーツマイスターの一人（2004年6月現在）。静岡市在住。現在、第1期生としてさらに上級のコースを受講中。

日本ベジタブル＆フルーツマイスター協会

豊かな食生活と食文化の発展を願い、野菜・果物の総合的な知識と情報を世に広く伝えるベジタブル＆フルーツマイスター（野菜と果物の美味しさや楽しさを伝えるスペシャリスト）の養成を目的とし、2001年8月に設立。生活者が野菜・果物から感動を見い出し、生産者が誇りを持って働ける環境の創造を目指している。　http://www.vege-fru.com

【トマト】
ナス科

おいしいもの選びのポイント

鮮度はヘタを見る！ ピンとしているほうが新鮮
収穫から時間が経つと、ヘタはしおれて黒ずんできます。店頭で選ぶときはヘタがなるべく緑色でピンとしているものを。

底部が大きく、丸みがある
底が大きい方が甘いと言われています。また円がなめらかな方が、ゼリー質が均一に発達して果肉が緻密。角ばったものは中に空洞があったり水分が少ないこともあります。

春先のトマトがおいしい理由
トマトの旨味には日照時間と生育期間が影響します。そのため生育が早い夏場よりも、時間をかけて樹上でじっくり育った春先の方が、コクのある味になります。

上手な保存法
青みの残っているものは常温保存で追熟が進みますが、すでに完熟しているものは早めに食べ切りましょう。食べる2～3時間前に冷蔵庫で冷やすのが、風味を楽しむには一番です。保存する場合は、丈夫なヘタ側を下にして、ぶつけないよう丁寧に扱います。完熟トマトは、安い時に多めに買い、丸ごと冷凍保存しておくと便利です。軽く水洗いするだけで皮がむけ、トマトソースや煮込み料理に重宝します。

栄養のはなし
葉物野菜より、量を多く食べられ、ビタミンC、Aが豊富なトマトは、美肌効果もある女性にうれしい野菜。ミネラル分ではカリウムを多く含むため、塩分過多・高血圧の人におすすめ。ハウス栽培が盛んで年中食べられますが、やはり夏場に出回る露地物のほうが栄養価は高め。赤い色素のもとで機能性成分として知られるリコピンは、活性酸素を抑え、がん予防や老化防止が期待できる抗酸化力を持っています。

含まれるおもな栄養素

エネルギー	19kcal
水分	94.0g
食物繊維	1g
カリウム	210mg
カロテン	540ug
ビタミンC	15mg

（可食部100gにつき）

【枝豆】
マメ科

含まれるおもな栄養素

エネルギー	135kcal
水分	71.7g
食物繊維	5.0g
カリウム	590mg
カロテン	260ug
ビタミンC	27mg

（可食部100gにつき）

おいしいもの選びのポイント

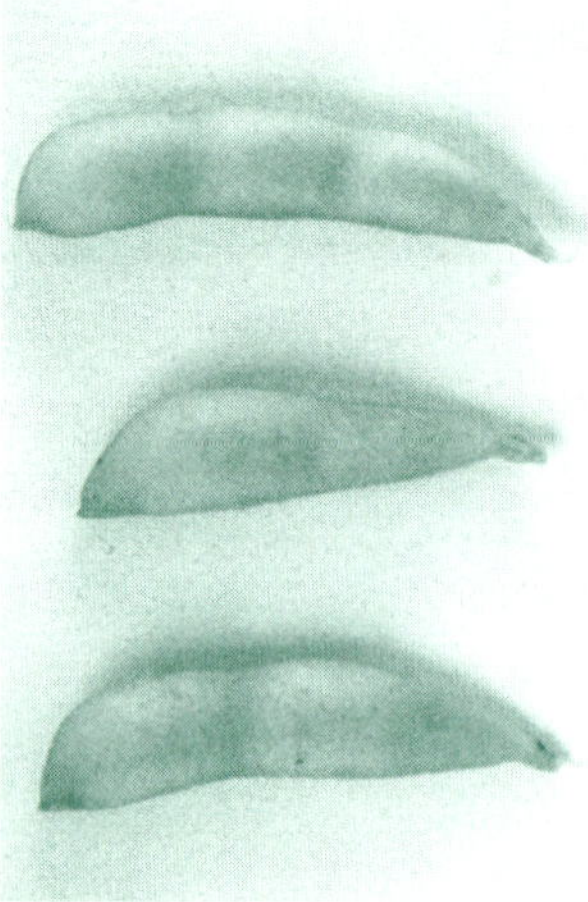

うぶ毛が濃く、光り輝いている

採りたての新鮮な枝豆はサヤの青みが深く、うぶ毛が光り輝き、濃く生えています。

枝が、鮮度を保つのに役立つ

鮮度が命の枝豆。枝付きは、枝が鮮度保持に役立ちます。節と節の間隔が狭く、サヤの密生していて、青みが強いものを選びましょう。

粒がそろっていて、丸くふくらんでいる

均等にしっかり粒が入っていて、一粒一粒が丸々と太っている良品は、外見もふっくらとしています。

上手な保存法

時間が経つと甘さがどんどん抜けてしまうので、早めに食べ切るのがおすすめ。保存はできるだけ低温で冷蔵します。

栄養のはなし

「畑の肉」と呼ばれる大豆の長所と、緑黄色野菜の長所を兼ね備えた優秀な夏野菜。動物性たんぱく質に似た良質なたんぱく質と、糖質をエネルギーに変える時に欠かせないビタミンB1を多く含むので、新陳代謝を活発にさせ、夏ばて予防に役立ちます。大豆サポニンやレシチンは血液中のコレステロール値を下げる働きをして動脈硬化の予防に役立ちます。また女性ホルモンとよく似た働きをするイソフラボンも含まれます。

調理メモ

ゆでた豆が余ってしまった場合は、サヤから出してスープやすり流し、炒め物など利用してみましょう。定番の塩ゆでとはまた違ったおいしさを楽しめます。

【かぼちゃ】

ウリ科

含まれるおもな栄養素（西洋かぼちゃ）

エネルギー	91kcal
水分	76.2g
食物繊維	3.5g
カリウム	450mg
カロテン	4000ug
ビタミンC	43mg

（可食部100gにつき）

おいしいもの選びのポイント

完熟は、ずっしり重く、ヘタが乾いている

収穫後約1カ月、寝かせてから出荷するかぼちゃ。これは、でんぷん質が糖化するのを待つためです。持った時に大きさの割にずっしり重く、ヘタが乾燥してひび割れているものは完熟して甘くなっています。

カット売りは、色と種の部分を見る

半分に切ったものは、果肉が赤みを帯びて色濃く、種がふっくらしてワタが詰まったものが完熟品です。切り口も新鮮でみずみずしいものが良いでしょう。

皮の表面が爪が立たないほど堅い

皮の表面がきれいすぎてなめらかなものは、未熟なうちに収穫された可能性も。皮にごつごつした溝があり、爪が立たないほど堅いものがおすすめです。

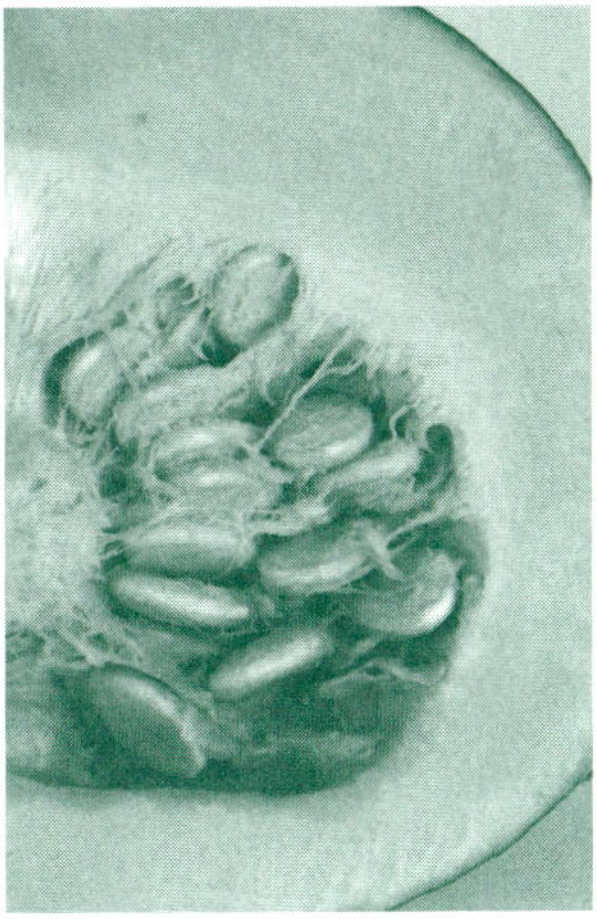

上手な保存法

高い貯蔵性が特徴のかぼちゃ。丸ごとなら冷暗所で3カ月から半年はもちます。カットしたものは種やワタの部分から傷み始めるので、この部分をきれいに取り除いてラップし、冷蔵庫の野菜室へ入れれば数日もちます。

栄養のはなし

βカロテン、ビタミンB1、B2、Cなどビタミン類はもちろん、たんぱく質や脂肪にも富んでいるかぼちゃは、カロリーが豊富でエネルギー源としても大変優れています。昔から冬至にかぼちゃを食べると体に良いと言われるのは、緑黄色野菜が少なかった時代に保存がきくかぼちゃから栄養を補給し、健康に冬を越そうとした先人の知恵だったのでしょう。

調理メモ

捨ててしまうことが多い種ですが、ビタミンEがたっぷり。フライパンで香ばしくなるまでから煎りし、軽く塩味をつければ栄養豊富でヘルシーなおつまみになります。

【じゃがいも】
ナス科

おいしいもの選びのポイント

形がふっくらとして、でこぼこが少ない
成長過程が順調なら、ふっくらと均整のとれた形になります。でこぼこが多いものは生育不良なので、避けたほうが無難です。また表面にしわや傷が無く、つやとハリがあるものを選びます。

芽は有毒！ 大きくえぐり取って
じゃがいもは収穫後、約3カ月間は発芽しません。逆に言えば発芽しているのは収穫から3カ月経過しています。芽には有害物質ソラニンが含まれ、食べると腹痛やめまいを引き起こす可能性も。調理の際に必ず取り除きます。

急速に新品種が登場。使い分けを楽しんで
最近は調理時間が短く、栄養価の高さも期待される「キタアカリ」や「シンシア」など新品種が登場しています。料理によって使い分けてみましょう。

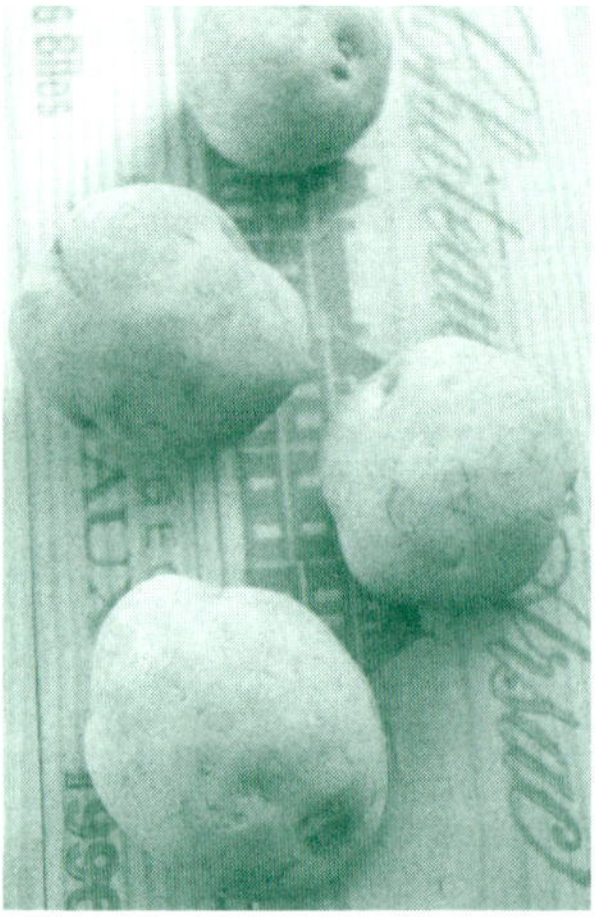

上手な保存法
光が当たるとえぐみが強くなって味が落ちます。またでんぷん質が低温障害を起こしやすいので、風通しの良い冷暗所で保存します。大量に手に入ったらリンゴを1～2個一緒に入れておけば、リンゴから出る物質の作用で発芽を抑制することができます。

栄養のはなし
じゃがいもはビタミンCの宝庫。100g中に含まれるビタミンCの量はトマトの2倍もあります。特に中心部に多く含まれ、周囲をでんぷん質が包んでいるため加熱しても損失が少ないという長所があります。

調理メモ
調理する5～6時間前に冷蔵庫の野菜室に入れてあげると、低温で呼吸量が抑えられ、でんぷん質の糖化が進み甘味が増します。秋は北海道産のものがメインですが、春は九州の新物と北海道の貯蔵物の両方が出回るので食べ比べてみるのも楽しみです。

含まれるおもな栄養素

エネルギー	76kcal
水分	79.8g
食物繊維	1.3g
カリウム	410mg
ビタミンC	35mg

（可食部100gにつき）

【さつまいも】

ヒルガオ科

含まれるおもな栄養素

エネルギー	132kcal
水分	66.1g
食物繊維	2.3g
カリウム	470mg
カロテン	23ug
ビタミンC	29mg

（可食部100gにつき）

おいしいもの選びのポイント

甘さのバロメーターは、切り口の黒いしみ

さつまいものおいしさは何と言っても甘味。甘さは、両端の切り口部分に、黒いしみが出ているかどうかで見極めます。このしみが皮の方まで出ていれば、間違いなく甘いさつまいもです。

毛穴が深いものは、筋っぽい

堅いひげ根があるもの、毛穴が深いものは、中が筋っぽい可能性が高いので避けた方が無難です。

皮のつやが良く、整った形のものを

品種によって形はさまざまですが、極端に曲がったり細いものよりは、中くらいの太さで形がある程度整っているもの、皮に傷が無く、つやがあるものが良いでしょう。

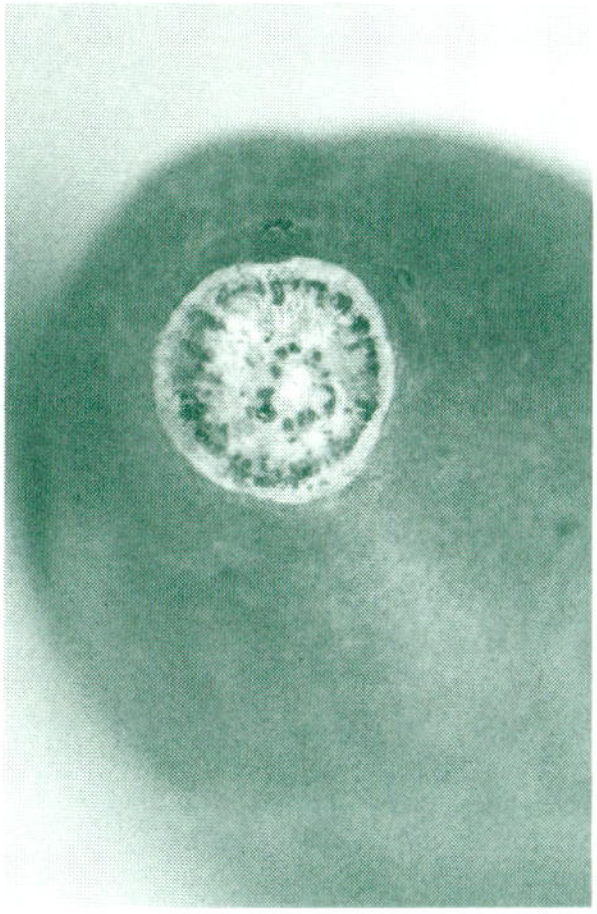

上手な保存法

寒さに弱く、低温にあたると味の劣化や腐りなどの低温障害を引き起こします。冷蔵庫保存は向かないので、新聞紙にくるんで日の当たらない冷暗所で保存しましょう。

栄養のはなし

豊富な食物繊維が、腸内を健やかに保ち、コレステロールを体外に排出するので大腸がんや動脈硬化の予防に効果的。カルシウムやリンも多く、ビタミンCは夏みかんの約2倍、リンゴの約6倍も。さつまいもに含まれるビタミンCは加熱してもでんぷん質に守られ壊れないので、吸収効率が高いのが特徴です。切った時に出てくる白い液は、ヤラピンで、便秘の改善に効果的です。

調理メモ

電子レンジでの加熱は一気に高温になるので、でんぷんを糖質に変える酵素が十分働かず、甘さが十分引き出されません。加熱する場合は、水からゆっくり煮る、時間をかけて蒸す、ふかすなどじっくりと加熱していったほうが甘さを楽しめます。

【ブロッコリー】
アブラナ科

含まれるおもな栄養素

エネルギー	水分	食物繊維	カリウム	カロテン	ビタミンC
33kcal	89.0g	4.4g	360mg	810ug	120mg

（可食部100gにつき）

おいしいもの選びのポイント

つぼみが隙間なく、ぎゅっと密集している
つぼみ（花蕾）が密集して堅くぎゅっと詰まり、全体的に丸くこんもり盛り上がっているものほど新鮮です。開き始めたり、黄色味を帯びたものは、味も栄養も劣るので避けましょう。

茎付きを選び、切り口のを確認
茎にも栄養が豊富な上、茎付きのほうがやや日持ちします。茎がしっかり付いているもので、切り口がみずみずしいものを選びましょう。

注目集めるブロッコリー・スプラウト
発芽から3日目のブロッコリーの芽、ブロッコリー・スプラウトも栄養価が高く、抗がん作用があるとして、近年注目を集めています。

上手な保存法
ブロッコリーはとても鮮度が落ちやすい野菜です。買ったらなるべく早く調理して、栄養価が高いうちに食べ切るのが一番ですが、すぐに調理できない場合は、つぼみを上にしてビニール袋などに密封し、冷蔵庫の野菜室で保存します。

栄養のはなし
ビタミンA、Cやミネラルが豊富で、緑黄色野菜の中でも特に栄養価が高い野菜です。女性に欠かせないコラーゲンの生成を活発化し、美肌を保つのに有効なビタミンCが非常に豊富です。1／2個にレモン約2個分に相当する量が含まれ、100g中では160mgも含まれています。ただビタミンCは水溶性なので調理の際にはゆですぎに注意しましょう。緑黄色野菜の特徴であるカロテンは、体内で必要に応じてビタミンAに変化して抗がん作用を表します。また動脈硬化や貧血予防に役立ち、妊婦に欠かせない葉酸も含まれます。

【カリフラワー】

アブラナ科

おいしいもの選びのポイント

つぼみが固く詰まって純白

くすみがなく純白に近いほどいいカリフラワー。つぼみの部分が固く締まり、こんもりと盛り上がって、ぎっしりと詰まっているのが良品です。

重いほうが水分が多くみずみずしい

重さは水分量と関係があります。手に持ってずっしりと重みを感じるものを選びましょう。

カラフルな新品種も登場

オレンジ色の「オレンジブーケ」や黄緑色の「サンゴショウ」のほか、生では紫色なのにゆでると緑に変わる「バイオレットクイーン」など、食卓を華やかに彩ります。

上手な保存法

生のまま保存して蕾が開いてしまうと、味も栄養価も落ちてしまいます。比較的早く蕾が開きやすいので、買ってきたら早めに下ゆでしてから保存します。

栄養のはなし

アブラナ科の野菜に含まれるイソチオシアネートと、茎の部分に豊富に含まれるビタミンCは、がん細胞の増殖を抑える効果が期待できます。カリフラワーを100g程度食べると、一日に必要なビタミンCを摂取することができます。ブロッコリーと比べて、ゆでた後のビタミンC損失率が低いのも特徴。食物繊維も含まれます。

調理メモ

淡白であっさりとした風味と独特の食感を生かし、サラダやピクルスに。スープにもよく、和風ならすり流し、洋風ならポタージュにすると上品な味わいが楽しめます。グラタン、炒め物にも向いています。新鮮なものは生でもおいしく食べられます。

含まれるおもな栄養素

エネルギー	27kcal
水分	90.8g
食物繊維	2.9g
カリウム	410mg
カロテン	18ug
ビタミンC	81mg

（可食部100gにつき）

【白ねぎ】

ユリ科

含まれるおもな栄養素

エネルギー	28kcal
水分	91.7g
食物繊維	2.2g
カリウム	180mg
カロテン	14ug
ビタミンC	11mg

（可食部100gにつき）

❗おいしいもの選びのポイント

緑と白の境目がくっきり

白い部分を多くするために、成長過程で何度も土をかぶせて太陽に当てない「土寄せ」という作業をくり返します。そのため緑と白の境目がくっきりしているものほど丁寧に作られた良品です。

指で触ったときにフカフカしていない

よく育ったねぎは、根から葉先までしっかりとハリがあります。指で触ったときにフカフカしていない、ある程度の堅さがあるものを選びます。

葉の白い霧は、よく生育している証拠

緑の部分が白い霧状のもので覆われていることがあります。これは農薬ではなく、ねぎ自身が出す保護膜。食べても問題なく、むしろ良く生育している証拠です。

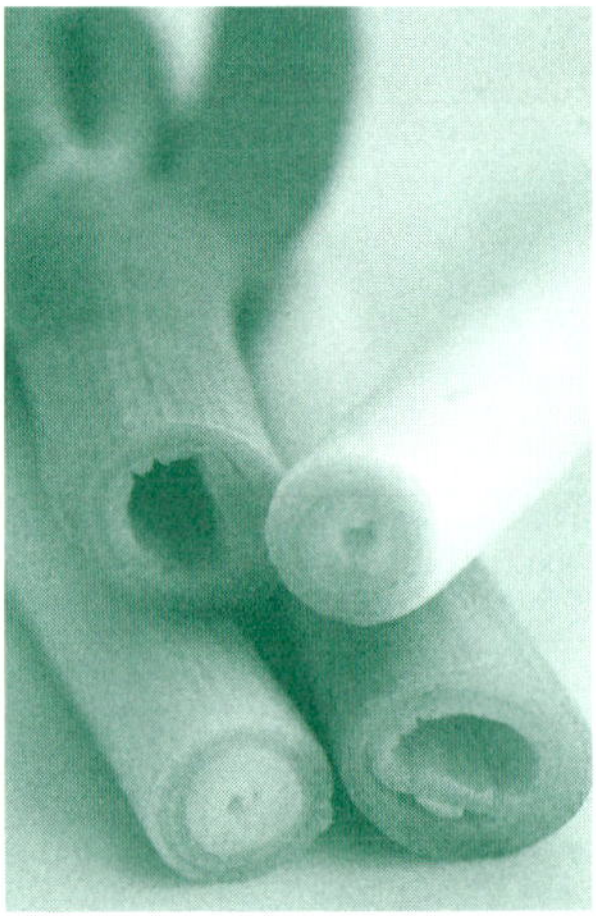

上手な保存法

新聞紙に包み、できれば立てて冷暗所で保存します。野菜は畑で育っている時と同じ状態で保存するのがよいためです。ねぎは土の中でまっすぐ上に向かって成長するので、保存の際も寝かさないほうが野菜の栄養価の損失を防げます。切った場合は、水分の蒸発を防ぐようにラップをして冷蔵庫で保存します。

栄養のはなし

ねぎ類に特有の匂い成分アリシンは、硫化アリルが空気に触れることでできる成分。殺菌作用に優れ、体内に侵入したウイルスや細菌を撃退すると言われているほか、ビタミンB1の吸収を高め疲労回復に効果的です。消化液の分泌も促し、食欲も増進させます。体を温め発汗させる働きがあるので、風邪のひき始めには白ねぎのみじん切りに味噌としょうが汁を加えたものをお湯で溶いて飲むと良いとされています。緑色の葉の部分にもカロテン、ビタミンA、ビタミンCが豊富です。

【海老芋】
サトイモ科

含まれるおもな栄養素

エネルギー	58kcal
水分	84.1g
食物繊維	2.3g
カリウム	640mg
カロテン	5ug
ビタミンC	6mg

（可食部100gにつき）

❶ おいしいもの選びのポイント

独特のしま模様がはっきりしている
生産者が何度も「土寄せ」をして、独特のしま模様を作る海老芋。この模様がはっきりとしているものは丁寧に作られ、順調に生育したものです。

形がずんぐりしていて、先が曲がっている
昔は長い形が重宝がられたそうですが、今はずんぐりしていて、先がきゅっと曲がって海老の形に似ていることが、高値で取り引きされる条件と言われています。

表面に、適度な湿り気がある
皮に傷や芽、ささくれた感じがなく、泥付きで適度な湿り気があるほうが、日持ちが良くて味と鮮度が保たれます。

上手な保存法
新聞紙に包んで湿り気を保ち、冷暗所に保管します。土に埋めておくのも鮮度を保つのにはいい方法です。

栄養のはなし
でんぷん質が主成分で、ほかにカリウムや良質なたんぱく質を含んでいます。海老芋など里芋類特有のぬめり成分は、ムチンやガラクタンという成分です。ムチンは胃酸から胃壁を保護する働きをし、ガラクタンは脳細胞を活性化させ、老化やボケ防止作用が期待できるそうです。また食物繊維も多いので整腸作用もあり、便秘改善に役立ちます。

調理メモ
海老芋は「だし食い」というくらい、だしを吸います。昆布と袋に入れたかつお節で柔らかくなるまで煮て、しょうゆを落とし、しばらく汁に漬けたまま味を含ませます。里芋や海老芋の皮むきをする場合は、手に塩をあらかじめ付けておけば、皮をむいた時に手がかゆくなるのを抑えられます。

【たけのこ】

イネ科

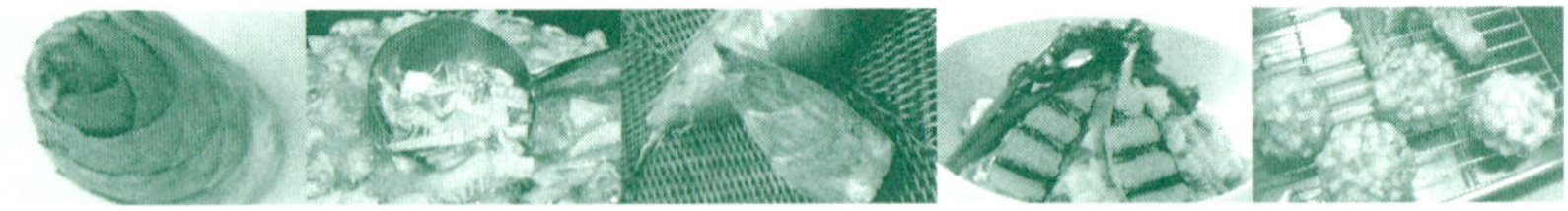

含まれるおもな栄養素

エネルギー	26kcal
水分	90.8g
食物繊維	2.8g
カリウム	520mg
カロテン	11ug
ビタミンC	10mg

（可食部100gにつき）

おいしいもの選びのポイント

新鮮さが命！ できれば朝掘りをすぐにゆでる

「湯を沸かしてから取りに行け」と言われるほど鮮度が大切なたけのこ。皮全体につやがあり、切り口が白くてみずみずしいものが新鮮です。

皮全体が淡い黄色。穂先も黄色がおいしい

先端が黄色味がかっていて、開いていないものが柔らかいたけのこ。緑や茶色っぽいものは日に当たって筋が堅く、アクも強いので避けた方が無難です。

重量感も、鮮度のバロメーター

大きさの割に軽いものは水分が抜けて鮮度が落ちている可能性も。手に持ち、大きさに対してなるべく重量感のあるものを選びましょう。

上手な保存法

掘られた日に食べるのが一番です。やむを得ず保存する場合は生のままだと堅くなってえぐみも増すので、下ゆでをしてアク抜き後、水に浸して密封容器に入れ冷蔵庫で保存します。

栄養のはなし

食物繊維のセルロースが非常に多く、便秘を解消するほか、大腸がんの予防効果が期待できます。亜鉛、カリウムも豊富。亜鉛は現代人に不足しがちなミネラルで味覚異常の改善に、またカリウムは体内の塩分を排出し利尿作用があるので、むくみ予防に効果的です。独特の旨味はグルタミン酸やアスパラギン酸、チロシンなどアミノ酸によるもの。特に切り口の白い粉チロシンは、脳神経に作用して脳を活性化させると言われています。

調理メモ

ゆでるときにぬかを入れるのは、たけのこのえぐみ成分が、ぬかに含まれるカルシウムと結合することで中和され、味が良くなるからです。

【メキャベツ&プチヴェール】

ともにアブラナ科

含まれるおもな栄養素（メキャベツ）

エネルギー	水分	食物繊維	カリウム	カロテン	ビタミンC
50kcal	83.2g	5.5g	610mg	710ug	160mg

（可食部100gにつき）

おいしいもの選びのポイント

茎の切り口が黒ずんでいない

メキャベツとプチヴェールに共通して言える見立てポイントは茎。切り口がみずみずしく黒ずんでいないものが新鮮です。

メキャベツは、巻きが堅く、緑色が濃いものを

結球が堅く、緑色が濃いほうが新鮮です。古くなると指で押した時にふにゃりとします。そうなると味も栄養価も大幅に減少するので避けた方が良いでしょう。

プチヴェールは葉の青さ、ハリをチェック

古くなると葉が黄色くなって、やわらかくしんなりしてきます。袋の外から触って、葉にハリと堅さがあるものを選びます。

上手な保存法

メキャベツは小さい分、へたりも早いので早めに食べ切りましょう。プチヴェールはある程度、時間が経ったものでも塩を一つまみ入れた湯でゆでると、見違えるほどシャキッとします。ともに保存する時はポリ袋に入れて冷蔵庫の野菜室へ。

栄養のはなし

ともにアブラナ科なのでキャベツ同様、がん抑制成分のイソチオシアネートなどが豊富。メキャベツはビタミンCがレモンの約1・5倍、キャベツの約3倍と突出して高く、一日に必要なビタミンはメキャベツ約5個で摂れます。プチヴェールはブロッコリーより100g中のビタミンC、カロテン、鉄、カルシウム全てが上回るバランスのいい野菜。含有量が微量なので野菜からカルシウムを摂るのは難しいのですが、プチヴェールは例外。骨粗しょう症、がん予防に欠かせない注目野菜です。

調理メモ

メキャベツはアクが強く、苦味があるので調理前に下処理を。ゆでる時に茎の部分に十文字の切り込みを入れ、塩一つまみを入れます。

【にんじん】

セリ科

含まれるおもな栄養素

栄養素	量
エネルギー	37kcal
水分	89.5g
食物繊維	2.7g
カリウム	280mg
カロテン	9100ug
ビタミンC	4mg

（可食部100gにつき）

❗ おいしいもの選びのポイント

切り口が小さいほうがおいしい

軸の切り口が大きいということは、白っぽい芯の部分が太くて多い証拠。芯は堅く、栄養も味も劣ります。また軸の周囲や、首の部分が青かったり黒ずんでいるものは、甘味に欠けることがあります。

赤みが濃いほど、栄養も豊富

にんじん特有の色が濃く、鮮やかなものを選びましょう。赤色の素はカロテンなので、赤みが濃いものほど含有量も豊富です。

ひげ根は栄養不良の可能性も

皮につやとハリがあり、ひげ根が少ないものを選びます。ひげ根が少ないにんじんは、育った環境の栄養状態が良いことを示しています。

上手な保存法

夏と冬では保存法が変わります。冬場は常温で1～2週間は保存可能ですが、夏場は泥を落とした後、むれないように水分をふき取って、新聞紙に包んでからポリ袋に入れて冷蔵庫へ。その場合、必ず立てて保存しましょう。冷凍する場合は、後で調理しやすいように薄切りや乱切りにし、ゆでて水気を切ってからポリ袋に入れて冷凍します。凍ったまま煮込みや炒め物に使えるので、彩りが欲しいときに便利です。

栄養のはなし

豊富なカロテン、特にβカロテンは、抗酸化作用を発揮して活性酸素の害を防ぎます。また体内で必要なだけビタミンAに変化して、皮膚や粘膜を強化し、夜盲症や眼精疲労、のどの健康を保つのにも効果的です。カロテンは脂溶性ビタミンなので、油分と一緒に摂取すると吸収率も大幅にアップ。天ぷらやオリーブ油で和えたサラダなどがおすすめです。葉は、根以上に栄養が豊富なので、手に入った時は捨てずに調理するのがおすすめです。

【セルリー】

セリ科

おいしいもの選びのポイント

葉があざやかな緑色で、ハリがあるものを

セロリは強い香りとシャキッとした歯ざわりを楽しむ野菜。葉が付いている場合は、黄色く変色していないものを選びます。

甘味とやわらかさは茎の白さを見る

一般に流通しているセルリーは茎が薄い黄白色のコーネル種（中間種）。特有の香りが苦手な人は、なるべく茎が白いものが柔らかく甘味があって、香りが穏やかです。

すじがくっきりして、ひびの無いものを

すじがへこんで肉が盛り上がり、デコボコしているものが良品です。ひびの入ったものは、中にスが入っている可能性があります。

上手な保存法

すぐ食べるのがベストですが、冷蔵保存する場合は、葉と茎を別々に分けてからラップに包むこと。葉は茎より呼吸量が多く、葉を付けたままだと水分の蒸散がどんどん進んでしまいます。

栄養のはなし

ビタミンA、B群が含まれ、茎より葉のほうが栄養価は優れています。カリウムが多く利尿作用が期待できるので、塩分摂取量が多い人には積極的に食べてほしい野菜です。繊維質がとても多いように思われがちですが、食物繊維は実はそんなに含まれていません。特有の香りはテルペン類で、食欲増進や精神を落ち着かせる効果があり、最近の研究では抗がん作用も認められているそうです。

調理メモ

香りが飛んでしまったら、加熱料理で独特の食感を楽しんで。生で食べる傾向が強い野菜ですが、ブイヨンで蒸し煮にすると、ほっくりした独特の食感が楽しめます。

含まれるおもな栄養素

栄養素	量
エネルギー	15kcal
水分	94.7g
食物繊維	1.5g
カリウム	410mg
カロテン	44ug
ビタミンC	7mg

（可食部100gにつき）

【砂糖えんどう】

マメ科

含まれるおもな栄養素

エネルギー	43kcal
水分	86.6g
食物繊維	2.5g
カリウム	160mg
カロテン	560ug
ビタミンC	60mg

（可食部100gにつき）

❗おいしいもの選びのポイント

サヤの色が濃く、つやのあるものがおいしい

サヤまで食べられるサヤえんどうの中の実を、大きく、甘い豆に改良した、砂糖えんどう。さやの緑色が濃く鮮やかで、つやがあるものを選びます。

鮮度はヘタとひげの具合を見る

ヘタとひげは、鮮度を見るバロメーター。ひげが白くピンとしていて、枝から切り離したヘタの部分もピンとしているものは新鮮です。

折った時に音を立てて折れる

折った時にパキッと音を立てて折れ、みずみずしいのも新鮮な証。ゆでるだけのシンプルな調理でも十分おいしくいただけます。

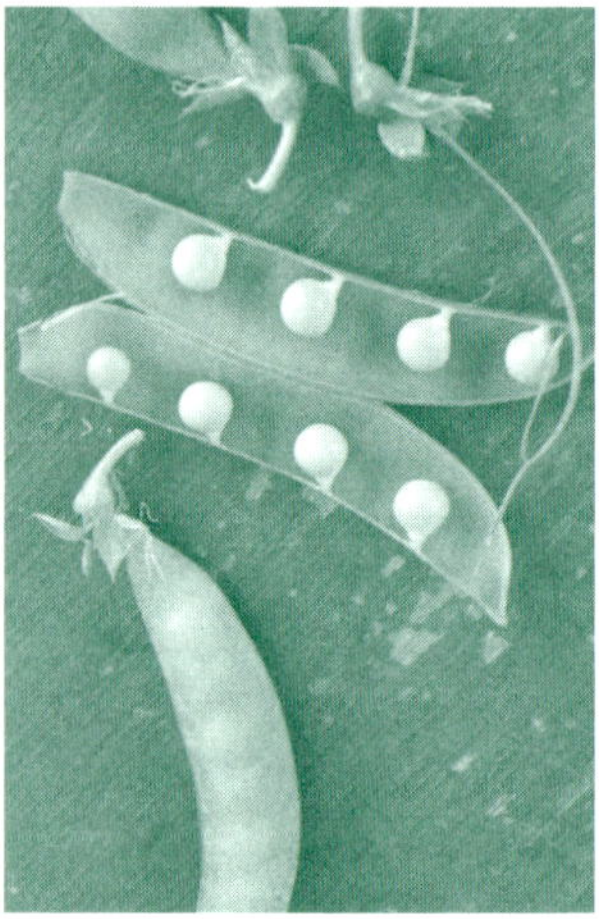

上手な保存法

枝豆などと同様、枝から切り落とした時点から劣化が始まります。鮮度が命なので、なるべく早く食べ切るようにしましょう。保存する場合は、さかんに呼吸をして熱を出す野菜なので、ビニール袋に入れて水分の蒸発を防ぎましょう。

栄養のはなし

緑黄色野菜に分類されるほどβカロテンが豊富。アミノ酸の一種であるグルタミン酸（旨味成分）を多く含むため、食べたときに旨味や甘さを感じます。ビタミンB1、B2、C、たんぱく質も含まれます。

調理メモ

熱に弱いビタミンCの損失をできるだけ少なくし、歯ざわりの良さと美しい緑色を失わないためにも、ゆでる時間を短めにし、さっと加熱する程度にしましょう。ゆで上がったら冷水に放して色止めを忘れずに。また炒めものや天ぷらなど、油と一緒に調理すると、カロテンを効率良く摂取できます。

【チンゲン菜】

アブラナ科

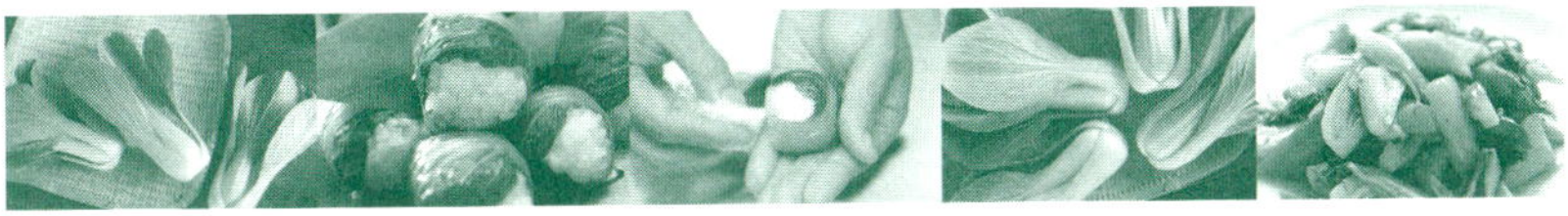

含まれるおもな栄養素

エネルギー	9kcal
水分	96g
食物繊維	1.2g
カリウム	260mg
カロテン	2000ug
ビタミンC	24mg

（可食部100gにつき）

おいしいもの選びのポイント

葉がぴんとして、おしりがふっくらしている

葉に元気があって、茎からおしりにかけて肉厚でふっくらしている方が、チンゲン菜の食味を楽しめます。

切り口の色が黒ずんでいないもの

ミネラルが豊富な野菜は、収穫から時間が経つと、どうしても切り口が酸化して黒ずんできます。ひっくり返してみて、なるべく切り口がきれいなものを選びます。

色が濃すぎるものは、葉に堅さがある

葉の色は濃すぎると硬くなっている場合があります。淡くてきれいな緑色のものを選びましょう。

上手な保存法

ぬれた新聞紙かキッチンペーパーに包み、ポリ袋に入れて冷蔵庫へ。なるべく立てて保存した方が鮮度が保たれます。

栄養のはなし

βカロテン、ビタミンA、B、C、カリウム、カルシウム、鉄分が豊富です。ビタミンAの含有量は、ピーマンの約6倍にも匹敵し、ビタミン供給源として、風邪の予防にも欠かせない野菜です。静岡県農業試験場の研究で、メラニンの生成を抑制する効果や免疫増強効果があることも知られ、機能性野菜としても注目を集めています。

調理メモ

チンゲン菜に含まれるカルシウムは、動物性のものより吸収が悪いので、肉や魚などのたんぱく質と、ビタミンDと一緒に食べたほうが、吸収率がぐんと良くなります。定番料理の「牛乳とチンゲン菜のクリーム煮」は、おいしさの面だけでなく、栄養面から見ても良い組み合わせといえます。

【レタス】

キク科

含まれるおもな栄養素

エネルギー	水分	食物繊維	カリウム	カロテン	ビタミンC
12kcal	95.9g	1.1g	200mg	240ug	5mg

（可食部100gにつき）

おいしいもの選びのポイント

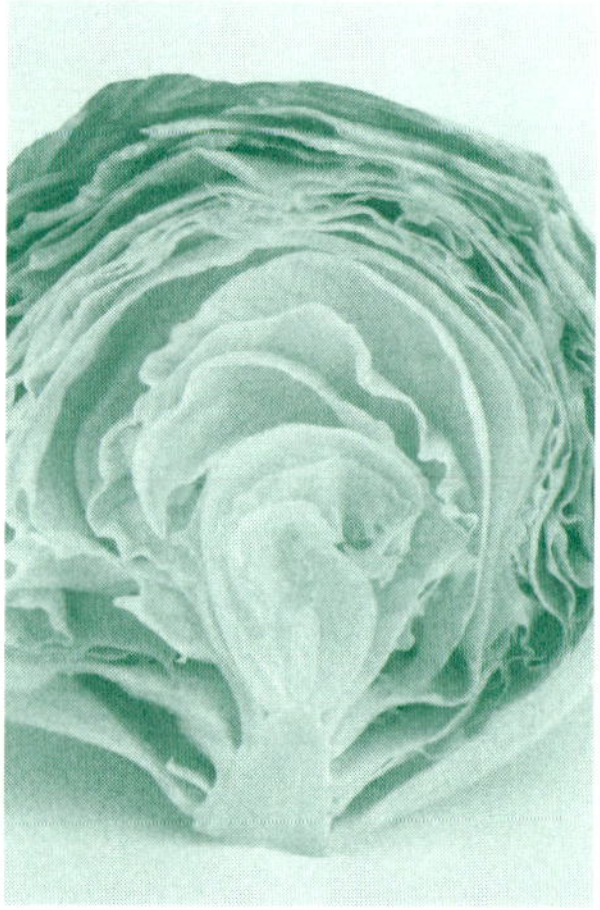

手に持ったときに軽いものを

生で食べる機会の多いレタスは、葉につやがあって、手に持った時に軽いものを選びましょう。巻きがふんわりと柔らかいものが、おいしさの目安になります。

切り口が10円玉硬貨の大きさ

茎の切り口が10円玉硬貨大で、大きすぎないものを選びます。また収穫から時間が経つと切り口が赤茶色に変色してくるので、色の変わってないものを。

調理の際は、手でちぎって

レタスは金気を嫌う野菜です。食べやすい大きさに切るときは、包丁を使わず手でちぎりましょう。

上手な保存法

レタスはみずみずしさ、新鮮さが命。時間が経つとだんだん苦味が出てくるので、早めに食べ切るのが一番です。やむを得ず保存する場合は、芯をくり抜くと長持ちします。芯を指でしっかりとつかみ、時計回りに回すと簡単に取れます。その後、水を張ったボールにざぶんとつけて、葉が張ってきたら水気を切ってラップか密閉容器で保存します。余分な水分が残っていると傷みやすいのでしっかりと水気を取りましょう。

栄養のはなし

歯触りが身上のレタス。しゃきしゃき感を増すためには冷水にさらすより、食べる直前まで冷蔵庫に入れた方がベター。水にさらすとせっかくのビタミンCを流失してしまいます。またレタスは約9割以上が水分ですが、緑の部分に多く含まれるビタミンEは血行を良くします。レタス特有の香りと苦味を構成するラクッコピコリンという白い乳状の成分には、神経を沈め、精神をリラックスさせて眠気を誘う働きがあるそうです。

【玉ねぎ】
ユリ科

おいしいもの選びのポイント

まず頭をチェック！ 芽が出そうなものは避ける
古くなると発芽してきます。てっぺんを触って芽が出そうなものは、味も落ちているので、避けた方が無難です。形は多少悪くても、味に支障はありません。

表皮がパリっと乾いて、堅さがある
日持ちを良くするため収穫後約1カ月間、乾燥させてから出荷します。肩の部分を軽く押した時に柔らかさを感じるものは、傷んでいる場合もあるので要注意。

白(新)玉ねぎ、赤玉ねぎは色を見る
白玉ねぎは表面ができるだけ白く、皮がよく乾いているものが良品。赤玉ねぎは皮の赤紫色が鮮明で、上部が変色していないものを選びます。

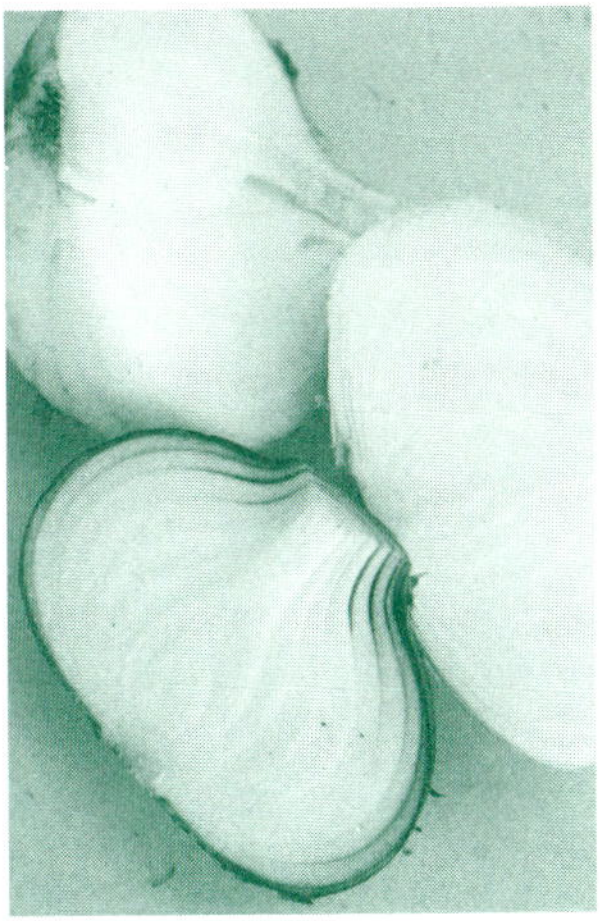

上手な保存法
玉ねぎは、むれや湿気を嫌いますが、保存によっては1～2カ月もつ便利な常備野菜。湿気の多い場所に置くと根が出て味が落ちるので、ネットに入れ、風通しの良い日陰に吊るして保存します。かごに入れる場合は一つずつ新聞紙でくるむと湿気防止に効果的。白(新)玉ねぎ、赤玉ねぎは水分が多い分だけ傷みやすく保存がきかないので、2～3日以内に食べ切ります。

栄養のはなし
ピラミッド建設に従事した労働者への給料は、玉ねぎで支払われたという説もあるスタミナ野菜。糖質を素早くエネルギーに変える働きをし、不足すると肉体疲労や食欲不振、イライラなどの症状を起こすビタミンB1は、玉ねぎに含まれる硫化アリルと結合すると吸収が大幅に良くなります。最近は、皮に含まれるケルセチンというポリフェノールの一種に、抗酸化作用や血圧を下げる働きがあることも分かってきました。

含まれるおもな栄養素

栄養素	量
エネルギー	37kcal
水分	89.7g
食物繊維	1.6g
カリウム	150mg
ビタミンC	8mg

(可食部100gにつき)

中国料理　盛旺

TEL.0543(66)6096
静岡市清水袖師町1098
[営業時間]11:30～14:00(L.O.)
17:00～21:00(L.O.)
[定休日]月曜日(祭日の場合は火曜。仕入れで不在の事があるため要確認)

毎日河岸へ出向き新鮮な活魚を仕入れるシェフが生み出す素材が生きた中国料理。薫り高い台湾茶と日替わりメニューも絶品。ランチ1050円～。ディナーコースは3150円～。

イタリア料理 トラットリア ジージョ

TEL.053(438)3994
浜松市高丘北1-48-18
[営業時間]11:00～14:30(L.O.)
17:00～21:30(L.O.)
[定休日]火曜日
http://www.wr-salt.com/gigio

自家農園のとれたて野菜と浜松産のこだわり西洋野菜を使って生み出すイタリアン。豊富な食材を盛り込んだランチも好評。ランチ1000円～。ディナーコース3129円～。アラカルトもあり。

ゴハンヤ　ハシトラ

TEL.054(256)2898
静岡市下川原5-19-4
[営業時間]11:30～14:30(L.O.14:00)
18:00～22:00(L.O.21:30)
[定休日]日曜日・第3月曜日

定食家とも居酒屋とも違う「ごはんや」。メニューはどれもお櫃で出てくる白米に合う家庭料理が基本。「骨付き豚の角煮」980円、「ひじきの煮物」480円ほか。

中国四川家庭料理　華市

TEL.053(486)1101
浜松市湖東町3048-7
[営業時間]11:30～14:30(L.O.)
17:00～21:00(L.O.20:30)
[定休日]水曜日
http://www.hanaichi-net.com

常時40種類もの野菜を常備する厨房から生み出される四川料理。薬膳を取り入れた内容のコースで楽しめる。本日のおすすめ料理810円～。

THE BLUE WATER

TEL.055(951)0001
沼津市魚町15
[営業時間]11:00～22:00(L.O.21:00)
[定休日]火曜日(祭日を除く)

狩野川を望むウォーターサイドの空間が心地よいカフェ。旬の野菜がふんだんに入ったサラダ(900円～)や月替わりの旬の素材を使った創作パスタ(1100円～)などメニューはオリジナリティに溢れる。

イタリア料理　マーノ・エ・マーノ

TEL.0545(54)2334
富士市今泉2382-1
[営業時間]11:30～14:30(L.O.)
14:00～16:00(ティータイム)
17:30～21:00(L.O.)
[定休日]水曜日

旬の野菜だけが持つ、その野菜本来の味にこだわるシェフの店。厳選された素材を使って作られるイタリア料理は体の中から元気になる味。ランチ1300円～。ディナーコース3900円～。

(価格はすべて税込)

野菜レシピを考えてくれたシェフ（料理人）の店

旬菜遊膳　あつみ

TEL.054（272）5100
静岡市鷹匠1-2-8
［営業時間］18:00〜23:00（L.O.22:20）
祝日は〜22:00（L.O.21:20）
［定休日］日曜日・第3月曜日

素材を丁寧に選び、素材同士の相性を考えた和食。ここでしか味わえない落ち着いた雰囲気も魅力の店。夜は単品またはコース4200円。

フランス厨房　シェ・モリヤ

TEL.053（484）0700
浜松市大平台4-1-14
［営業時間］11:30〜14:00（L.O.）
18:00〜20:30（L.O.）
［定休日］火曜日
http://www.wr-salt com/moriya

野菜はもちろん厳選素材を健康的に調理した、身体に優しい料理を目指し、進化し続けるフランス料理。ランチコース1890円〜。ディナー3990円〜。

香酒旬味　すぎもと

TEL.054（253）1160
静岡市二番町4-1
［営業時間］12:00〜14:00（L.O.13:30）
17:30〜22:30（L.O.21:30）
［定休日］水曜日

「おいしい物をたどって行ったら地元農家に辿りついた」と話すシェフが作る、お箸でいただく気さくなフレンチ。毎日届く農家直送の野菜を使った料理が人気。ランチ1995円〜、ディナー4100円。

割烹　寿し半

TEL.053（433）1421
浜松市半田町1720
［営業時間］11:00〜14:00（L.O.）
17:00〜22:00（L.O.21:00）
［定休日］水曜日、第2・3木曜日
http://www.wr-salt.com/sushihan

和の心をベースに、自由な発想で創られる美しく驚きにあふれた創作和食とクラシックスタイルの寿し。寿し懐石<雪>8品4200円、寿し半特製寿し5250円ほか。

南部じまん市（JA静岡市）
住　所／静岡市曲金5丁目4番70号
ＴＥＬ／054(203)4118
定休日／なし(盆・正月除く)
OPEN／9:00〜18:00

アグリロード美和
住　所／静岡市安倍口新田537−1
ＴＥＬ／054(296)7878
定休日／なし(年始を除く)
OPEN／9:30〜17:30(月〜金曜)
8:30〜17:30(土・日・祝)

グリーンセンター（JA清水）
住　所／静岡市清水庵原町575−8
ＴＥＬ／0543(67)2112
定休日／なし(年始、3/31、9/30を除く)
OPEN／8:00〜18:30(夏)
8:00〜18:00(冬)

真富士の里
住　所／静岡市平野1097−38
ＴＥＬ／054(293)2255
定休日／なし(年末年始と新茶期の2週間を除く)
OPEN／8:00〜17:00(夏)
8:30〜16:30(冬)

いろどり市（JA大井川）
住　所／焼津市焼津4丁目8−24
ＴＥＬ／054(626)6165
定休日／祭日
OPEN／8:00〜12:00

キラキラビレッジ直売所
住　所／焼津市田尻1717
ＴＥＬ／054(624)2415
定休日／土日のみ営業
OPEN／7:00〜12:00(夏)
7:30〜12:00(冬)

ジャパンバザール
住　所／島田市阪本4245−3
ＴＥＬ／0547(38)5505
定休日／正月
OPEN／9:00〜17:30

ミナクル市大城店
（JA遠州夢咲）
住　所／小笠郡大東町三俣1187−1
ＴＥＬ／0537(72)3146
定休日／月曜日
OPEN／8:30〜16:30

ミナクル市浜岡店
（JA遠州夢咲）
住　所／御前崎市合戸3184−1
ＴＥＬ／0537(85)7531
定休日／月曜日
OPEN／8:30〜16:30

青空市（JA遠州夢咲）
住　所／小笠郡小笠町下平川5280
ＴＥＬ／0537(73)5115
定休日／火・木・土・日曜日
OPEN／7:00〜12:30

ミナクルふれあい菊川の里
（JA遠州夢咲）
住　所／小笠郡菊川町加茂2507−1
ＴＥＬ／0537(35)3111
定休日／月曜日
OPEN／8:30〜16:30

ふくの市（JA遠州中央）
住　所／磐田郡福田町南島529
ＴＥＬ／0538(55)3142
定休日／火・土曜日
OPEN／8:00〜13:00

新鮮市月見の里ひろば
（JA遠州中央）
住　所／袋井市上山梨723−11
ＴＥＬ／0538(48)6164
定休日／水曜日(日曜日は午前のみ開催)
OPEN／9:00〜16:00

森の市（JA遠州中央）
住　所／周智郡森町森1731−1
ＴＥＬ／0538(85)0831
定休日／火曜日
OPEN／9:30〜17:00

みなみ市場（JA遠州中央）
住　所／袋井市高尾907−1
ＴＥＬ／0538(42)4035
定休日／火曜日
OPEN／9:00〜16:00

磐田天竜良心市（JA遠州中央）
住　所／磐田市千手堂1088−1
ＴＥＬ／0538(32)3202
定休日／土・日・祝日
OPEN／5:00〜10:30

大須賀町物産センター
サンサンファーム
住　所／小笠郡大須賀町大渕1456−312
ＴＥＬ／0537(48)6368
定休日／木曜日
OPEN／9:00〜17:00

とれたて元気村
住　所／磐田郡豊岡村下神増1148
ＴＥＬ／0539(63)0255
定休日／火曜日
OPEN／9:00〜17:00

広瀬の良心市（JA遠州中央）
住　所／磐田郡豊岡村上神増288−2
ＴＥＬ／0539(62)4446
定休日／火曜日
OPEN／7:00〜12:00

ファーマーズマーケット
上石田店（JAとぴあ浜松）
住　所／浜松市上石田町800
ＴＥＬ／053(433)0300
定休日／水曜日
OPEN　9:00〜15:00

ファーマーズマーケット
浜北店（JAとぴあ浜松）
住　所／浜北市新原1117−3
ＴＥＬ／053(586)5633
定休日／なし(正月除く)
OPEN／9:00〜16:00

清の里
住　所／浜北市尾野870−1
ＴＥＬ／053(582)1088
定休日／水曜日
OPEN／9:00〜18:00

潮見峠
住　所／湖西市白須賀2814
ＴＥＬ／053(579)1771
定休日／火曜日
OPEN／8:30〜18:00

しずおか野菜が買える！ファーマーズマーケット

新鮮で栄養もたっぷりの地元産野菜を扱うファーマーズマーケットが増えています。実際に行ってみると、野菜だけでなく手作りの加工品やお花、畜産加工品など、その土地ならではの逸品や隠れた名品にも出合えたりして、時間のたつのを忘れてしまう楽しさです。とれたてならではのおいしさを求めて、出掛けてみませんか？

ベイステージ下田（JA伊豆太陽）
住　所／下田市外ケ岡1－1
ＴＥＬ／0558（24）2800
定休日／火曜日
OPEN／9：00～16：00

あずさ気まぐれ売店
住　所／下田市須原筏場35－1
ＴＥＬ／0558（28）0915
定休日／なし（年末年始除く）
OPEN／8：30～16：00

下田　旬の里
住　所／下田市河内281－9
ＴＥＬ／0558（27）1488
定休日／年末年始
OPEN／8：30～16：30

農の駅グリーンプラザ（JA伊豆の国）
住　所／田方郡韮山町韮山山木54－3
ＴＥＬ／055（949）0055
定休日／なし
OPEN／9：00～18：00

農の駅伊豆（JA伊豆の国）
住　所／伊豆市柏久保108
ＴＥＬ／0558（72）4462
定休日／水曜日
OPEN／9：00～18：00

大仁まごころ市場
住　所／田方郡大仁町田原野440－4
ＴＥＬ／0558（75）4580
定休日／第1・3木曜日（7・8月は営業）
※7／1（木）は除く
OPEN／9：00～16：00

伊豆グリーンランド（JAあいら伊豆）
住　所／伊東市玖須美元和田715－23
ＴＥＬ／0557（44）1661
定休日／火曜日
OPEN／8：30～17：00

金岡産直市（JAなんすん）
住　所／沼津市東熊堂600－1
ＴＥＬ／055（923）8318
定休日／水曜日
OPEN／8：30～12：00（夏）
9：00～12：00（冬）

長泉産直市（JAなんすん）
住　所／駿東郡長泉町下土狩1029－1
ＴＥＬ／055（986）1852
定休日／火曜日
OPEN／9：00～12：00

JAすそのし ふれあい市（JAすそのし）
住　所／裾野市佐野1087
ＴＥＬ／055（993）3559
定休日／月曜日
OPEN／9：30～15：00

ＪＡ御殿場東支店フレッシュハウス（JA御殿場）
住　所／御殿場市東田中2－10－1
ＴＥＬ／0550（84）5522
定休日／土・日曜日
OPEN／8：30～15：30

ＪＡ三島函南農産物直売所　フレッシュ（JA三島函南）
住　所／三島市谷田141－1
ＴＥＬ／055（972）0134
定休日／なし
OPEN／9：00～13：00
（土・日曜は～15：00）

まごころ市（JA富士市）
住　所／富士市錦町1－11
ＴＥＬ／0545（57）4602
定休日／水曜日
OPEN／9：00～16：00

農民市場　粟倉会場
住　所／富士宮市粟倉1263
ＴＥＬ／0544（23）8812
定休日／なし
OPEN／夏9：00～18：00
冬10：00～夕暮

あさはたじまん市（JA静岡市）
住　所／静岡市北312－2
ＴＥＬ／054（249）1005
定休日／なし（盆・正月除く）
OPEN／9：00～18：00

しずおか野菜のしあわせレシピ

撮　影　望月やすこ
松野博司
都野井元康
海野裕介
鍋島徳恭

デザイン　海野裕介

編集協力　日本ベジタブル&フルーツマイスター協会
（知っておきたい野菜の知識）

2004年7月20日　初版発行

編者　静岡新聞社

発行者　松井　純

発行所　静岡新聞社
〒422-8033　静岡市登呂3-1-1
054(284)1666

印刷・製本　図書印刷株式会社

ISBN4-7838-0755-8　C0077